이 간결하면서도 알찬 책은 '성경을 어떻게 읽을 것인가?'를 설명하는 해석학 책이다. 성경이 특정한 역사를 배경으로 한 책이라는 '역사성'과, 모든 시대 모든 사람을 향한 하나님의 말씀이라는 '초월성'을 함께 견지하면서 성경에 접근하는 책이다. 그래서 본서는 '역사적으로 해석하고 초월적으로 적용하는 규칙'을 마련하고자 한다. '해석학'이라는 듣기만 해도 버거워지는 표현에도 불구하고, 본서는 놀랍도록 쉽게 그 어려운 '해석학'을 풀어간다. 본문과 독자 사이에 존재하는 무수한 문제를 다루면서, 저자가 자유자재로 사용하는 사례들은 해석학의 쟁점을 이해하는 데 큰 도움이 된다. 이성과 경험과 전통을 존중하되 성경으로 모든 것을 통제하게 하는 웨슬리안 사변형은 흥미롭고 현실적이며 유익하다. 쉽고 간결하게 풀어가면서도 필요한 부분에서 각주를 통해 적절하게 소개된 참고문헌과, 마지막 장에 집중적으로 소개된 기본적인 문헌 소개는 독자들에게는 무척이나 유용할 것이다. 이 책 전체는 매우 설득력 있고 현실적이며 유익하고 풍성하다. 계속해서 '문자'를 소중히 하되, '배경지식'을 고려하며 해석해야 한다는 저자의 주장은 지극히 당연하면서도 현실에서는 손쉽게 무시된 기본적인 원칙이다. 본서가 말씀을 사랑하고 그 말씀을 따라 오늘을 살아가기 원하는 우리네 성도들에게 널리 읽히고 토론되고 나누어지길 바란다.

김근주
기독연구원 느헤미야 교수

나는 성경을 사랑한다. 내 온 맘 다해, 내 힘 다해 미치도록, 미친듯이 사랑한다. 하여, 나에게 있어 모든 것은 이 텍스트 안에 있다. 말씀에 대한 사랑은 최고의 지성과 학문을 사용하기를 결코 꺼리지 않는다. 사랑하기에, 성경이 없으면 살 수 없기에 파고 또 판다. 그럴 때마다 위대한 기독교 지성들의 도움이 얼마나 요긴한지 모른다. 그들이 먼저 헤매고 난 다음 던지는 조언은 성경의 세계 안으로 더욱 깊이 들어가게 만든다. 그 맛과 멋에 절로 취한다. 세계적인 신약학자로 발돋움한 이상환 교수의 책은 내가 사랑하는 성경을 향해 단심가를 부르게 만든다. 성경을 사랑하는 한, 이 책도 사랑하리라. 두루 두루 사랑받게 되기를 진심으로 기원한다.

김기현
로고스서원 대표

"성경을 어떻게 하면 잘 해석할 수 있을까?" 성경에 관심이 있는 기독교인이라면 누구나 해볼 만한 질문일 것이다. 그러나 많은 사람들이 인정하듯, 성경을 해석하는 일은 그리 쉬운 일이 아니다. 미드웨스턴(Midwestern Baptist Theological Seminary) 성경 해석학 교수인 이상환 목사가 소위 "진입장벽이 낮은" 성경해석학 책을 내놓았다. 저자는 목회적 경험과 특유의 간결한 필치로 성경 해석학을 쉬우면서도 논리적으로, 차분하면서도 열정적으로 소개한다. 평신도와 목회자를 대상으로 쓴 책이지만, 저자와 독자의 관계, 가정된/숨겨진 배경지식, 일차 독자와 이차 독자의 차이, 솔라 스크립투라의 재정의된 개념과 웨슬리안 사변형의 해석학적 유용성, 저자/텍스트/청중 중심의 접근법들, 의사소통 모형 및 적용, 하팍스 레고메나, 이문 분석 등 꽤 어려운 주제들도 다루고 있다. 그러나 해당 주제를 머리에 쏙쏙 들어오도록 쉽게 설명해서 그리 어려운 줄을 모르고 술술 읽어나가게 할 뿐만 아니라 많은 사람들이 그동안 잘못 알고 있던 개념을 교정하기도 한다. 각주 자료 역시 풍부해서 향후 해석학 분야에 관심이 있는 사람에게 좋은 가이드가 된다. 또한 본서는 성경 해석의 다양한 개념을 한국인 독자에게 쉽게 이해시키기 위해 한국인의 일반적인 정서나 문학 배경을 사용하여 설명하는 상황적 노력도 돋보인다. 정몽주의 단심가나 이육사의 광야의 예를 든 것이나, 신약 시대의 황제 숭배 전통을 우리나라의 생사당 전통과 연결한 예가 바로 그 대표적인 경우라 할 수 있다. 무엇보다 본서는 매우 솔직하고 도전적이다. 그러니 오늘 이 책을 읽으라. 성경을 더욱 읽고 싶고 더욱 사랑하는 마음이 불일 듯 일어날 것이다.

박성진
미드웨스턴 신학교(Midwestern Baptist Theological Semiary)
아시아부 학장 및 구약학 교수

이 책은 우리 시대에 혜성처럼 등장한 탁월한 성경 해석 전문가 이상환 교수가 알려주는 해석 방법의 진수이다. 이 책은 성경 해석의 세계적 고수가 터득하고 연마한 정통 비법을 쉽고 재미있게 알려주고, 독자들도 그와 같이 성경을 해석할 수 있는 길로 갈 수 있도록 안내한다. 이 책은 의사소통 모형이라는 이름으로 성경 해석학을 소개하는데, 이 방법은 과거와 현대의 다양한 성경 해석학을 아우르며 성경 본문에 담긴 저자의 의도를 바르게 파악하여 제대로 적용할 수 있는 정통 해석학의 길로 안내한다. 우리 시대의 독자에게 숨겨진 배경 정보의 파악이 성경 본문의 해석을 위해 가지는 중요성을 보여주는 이 책은, 종교개혁자들이 사용한 문법적·역사적 방법을 우리 시대의 독자들이 잘 계승하여 발전시킬 수 있도록 돕는다. 이 책의 설명은 설득력 있고, 통찰력 있고, 재미있으며, 심오한 내용을 간단하고 명료하게 표현하고 있다. 진지하게 성경을 연구하고자 하는 그리스도인, 스스로 성경 해석을 할 수 있는 방법을 찾는 신학도, 바르게 설교하고자 고민하는 목회자뿐만 아니라, 학생들이 성경 본문을 깊이 있게 해석할 수 있는 훈련 방법을 고민하는 교수, 고대 문헌 연구 방법이 궁금한 일반 독자에게, 이 책은 들기에 가벼운 짐에 큰 가치를 담아 전해주는 보석과 같은 선물이다.

신현우
총신대학교 교수

영어로 쓰여진 수많은 성경 해석학 교과서와 연구서들에 비해, 종종 한국인 성서학자들이 쓴 성경 해석학 관련 글들은 그 내용이 빈약할 때가 있다. 이런 현실에 대한 하나의 뚜렷한 응답이 바로 이 책이다. 아직 한국 교회와 신학계에 잘 알려지지 않은 이상환 교수의 첫 우리말 단행본은 그 질문에 있어 신선하고, 그 탐구에 있어 집요하며, 그 울림에 있어 풍성하다. 성경을 읽는 사람, 설교를 하는 사람, 연구하고 가르치는 사람들이 맞닥뜨리는 의문과 의심, 당혹감과 난감함을 저자는 피하지 않고 맞서 씨름한다. 그의 차분한 설명과 제안들을 읽으니 절로 고개가 끄덕여지고 '아하!'하는 감탄사가 흘러나온다. 외국인이 쓴 책을 번역한 성경 해석학 책들을 읽을 때면 그 번역된(오역된!) 문장들을 해석하느라 자주 애를 먹곤 하는데, 한국인의 경험과 심성을 십분 고려한 사례와 비유를 들어 주니 설명이 명쾌하고 재미나다. 혹 성경을 읽다가 시험에 든 사람이 있다면 이 책에서 많은 도움을 얻을 것이다.

조재천
전주대학교 교수

Re: 성경을 읽다

이상환 지음

목 차

· **저자의 말**

1. 이 책에 기본적으로 사용된 한역본은 새번역성경이다. 한역본을 명시하지 않고
   성구를 인용할 경우 새번역성경에서 인용한 것임을 밝혀 둔다.

하나님의 말씀

내가 목사로 교회를 섬기며 성도들과 함께 고백했던 그리고 지금도 고백하고 있는 성경에 대한 신앙고백이 있다.

우리가 성경을 열 때, 성경이 우리를 엽니다.

우리가 성경을 읽을 때, 성경이 우리를 읽습니다.

우리가 성경을 지킬 때, 성경이 우리를 지킵니다.

우리가 성경을 사랑할 때, 성경이 우리를 사랑합니다.

하나님의 영감으로 기록된 성경은 성도들과 반응할 수 있고, 또한 반응하기를 원하는 살아있는 말씀이라는 고백이다. 성경은 세상의 모든 사람들이 읽고 변화를 받아야 할 구원과 계몽의 말씀이다. 성경은 일반계시가 담을 수 없는 초월적인 계시를 담고 있는 유일

무이한 특별계시이다. 성경은 책들의 왕이요, 계시들의 으뜸인 하나
님의 말씀이다.

다양한 해석들

하지만 이와 같은 우리의 믿음은 하나의 피할 수 없는 질문과 마
주한다. "성경이 세상의 모든 사람들이 읽어야 할 하나님의 말씀이
라면, 그래서 그로부터 변화를 받아야 할 구원과 계몽의 말씀이라
면, 왜 같은 본문을 사람들마다 다르게 해석합니까?" 알다시피 우리
는 성경의 첫 장부터 난제를 만난다.[1] 학자들은 서로 불일치하는 해
석을 만든다. 그중에는 심지어 서로 모순되는 해석들도 있다. 이런
현상이 발생하는 이유가 무엇일까? 여러 가지 원인을 언급할 수 있
겠지만 가장 근본적인 이유는 성경을 해석하는 자들이 서로 다른 방법
으로 성경에 접근하기 때문이다.

문제는 여기에서부터 시작된다. 해석이 신학을 만들고, 신학이

---

1   John H. Walton, *Genesis 1 as Ancient Cosmology* (Winona Lake, IN:
     Eisenbrauns, 2011); Johnny V. Miller and John M. Soden, *In the Beginning-We
     Misunderstood: Interpreting Genesis 1 in Its Original Context* (Grand Rapids,
     MI: Kregel, 2012); Vern S. Poythress, *Christian Interpretations of Genesis 1*
     (Philadelphia, PA: Westminster Seminary, 2013); Steven Dimattei, *Genesis
     1 and the Creationism Debate: Being Honest to the Text, Its Author, and His
     Beliefs* (Eugene, OR: Wipf & Stock, 2016); Kyle Greenwood, ed., *Since the
     Beginning: Interpreting Genesis 1 and 2 through the Ages* (Grand Rapids, MI:
     Baker Academic, 2018); Adam Rasmussen, *Genesis and Cosmos: Basil and
     Origen on Genesis 1 and Cosmology* (BAC 14; Leiden: Brill, 2019).

신앙을 만드는 법. 서로 불일치하는 해석들은 서로 공존할 수 없는 신학들을 만들고, 서로 공존할 수 없는 신학들은 서로 화합할 수 없는 신앙들을 만든다. 그리고 이 문제가 더욱 불거지면 결국 교회는 분열되고 이단이 잉태된다. 이로 미루어 보아 '기독교 각 교단들의 차이'와 '정통과 이단의 차이'의 저변에는 **해석의 차이**가 존재한다고 볼 수 있다. 어디 이뿐인가? 밖에서 보면 건강한 교회라 할지라도, 그 안에는 해석과 신학과 신앙의 차이로 인해 서로 대립하는 성도들이 존재한다. 그리고 그 차이는 불화의 불씨가 되어 교회를 병들게 한다. 타당한 성경 해석을 추구하는 일은 교회의 질서와 평화를 위한 필수 과업으로 우리 앞에 놓여 있는 셈이다.

틀린 해석들

루터와 칼빈은 특별히 신학 훈련을 받지 않은 사람들도 성경을 읽고 이해할 수 있다고 말했다. 성경은 특권층이 독점할 수 없는 만민의 책이라는 의미이다. 하지만 성경이 모든 사람들에게 주어졌다고 해서, 모두가 아무런 규칙 없이—혹은 자의적인 규칙으로—성경을 해석하고 적용해도 된다는 의미는 결코 아니다. 베드로후서 1:20과 3:16은 이를 명시한다.

> 여러분이 무엇보다도 먼저 알아야 할 것은 이것입니다. 아무도 성경의 모든 예언을 제멋대로 해석해서는 안됩니다. … 바울은 모든 편지에서 이런 것을 두고 말하고 있는데 그 가운데는 알기 어려운 것이 더

러 있어서 무식하거나 믿음이 굳세지 못한 사람은 다른 성경을 **잘못 해석**하듯이 그것을 **잘못 해석**해서 마침내 스스로 파멸에 이르고 말 것입니다.

첫 번째 본문에는 성경을 "제멋대로 해석"하지 말라는 충고가 담겨 있다. 이는 성경을 바르게 해석할 수 있는 타당한 규칙이 있음을 전제한다. 두 번째 본문에는 바울서신에 "알기 어려운 것"이 포함되어 있다는 내용이 있다.[2] 문제는 이 부분을 "잘못 해석"해서 "스스로 파멸"에 이른 사람들이 발생했다는 점이다. 이처럼 성경에는 난해한 부분이 있고, 성경 해석에는 마땅히 따라야 할 규칙이 있다. 우리가 이를 인지하지 않고 성경을 쉽게 생각하여 "제멋대로 해석"하거나 "잘못 해석"한다면, 우리 역시 "스스로 파멸"에 이를 위험이 있다. 그러므로 성경 해석에는 겸손함과 타당한 규칙이 필요하다.

타당한 규칙

지난 200년 동안 일반 해석학 진영에서는 여러 가지 해석 방법들이 제시되며 건설적인 논의들이 오갔다.[3] 기독교 학계도 일반 해석학 진영과 활발히 소통하며 성경 해석에 필요한 타당한 규칙을 찾기 위해 노력했다. 하지만 성경과 일반 문서 사이에 존재하는 차

---

2 학자들은 본문의 "모든 편지"가 바울서신의 일부를 의미한다고 본다. Jerome H. Neyrey, *2 Peter, Jude: A New Translation with Introduction and Commentary* (AYB 37C; London: Yale University, 2008), 249-50을 보라.

3 이 책의 제3장을 보라.

이는 이 일을 복잡하게 만들었다. 우리는 성경이 특정한 시대에 만들어진 **역사적 문서**임과 동시에, 그 시대에 귀속될 수 없는 **초월적 문서**라고 믿는다. 그리고 이와 같은 **양면성**(초월성과 역사성)을 지닌 책은 오직 성경뿐이라고 믿는다. 하지만 일반 해석학의 방법론은 문서의 역사성만 논하지 초월성은 논하지 않는다. 이와 같은 이유로 역사성만 논하는 일반 해석학의 방법론으로 성경을 해석하기는 역부족이라는 목소리들이 등장했다. 그렇다면 성경의 양면성을 고려하여 해석과 적용의 규칙을 제공하는 방법론은 없을까?

최근 기독교 학계에서 긍정적으로 검토 및 도입하고 있는 방법론이 있다. 바로 언어학의 한 분야인 의사소통 이론(Communication Theories)을 해석학에 접목한 **의사소통 모형**(Communication Model)이다. 이 책의 제4장과 제5장에서 구체적으로 살펴보겠지만, 의사소통 모형은 기존의 모형들과 달리 성경을 역사적으로 해석하고 초월적으로 적용할 수 있는 규칙을 제공한다. 물론 의사소통 모형이 기존의 모형들이 맞닥뜨렸던 한계를 완전히 뛰어넘었다는 의미는 아니다. 이 세상에 완벽한 성경 해석을 가능케 하는 모형은 존재하지 않는다. 아니, 존재할 수 없다. 우리가 고대 문서들을 다룰 때 필히 마주하는 한계들—언어, 문화, 역사, 문학, 사회의 한계들—은 인간의 힘으로 온전히 극복될 수 없다.[4] 비록 의사소통 모형이 기존의 모형들에 나타난 한계를 조금씩 보완한, 그리고 여전히 보완하고 있는 방법론이라 할지라도 성경 해석을 어렵게 만드는 장애물은 여전히 높다. 우리는 이

---

4   이 책의 제6장을 보라.

런 사실을 기억하며 겸손하게 그리고 다른 방법에 열린 마음으로 성경 해석을 시도해야 한다.

이 책의 목적과 구조

얼마 전 지인들과 함께 해석학에 대한 담론을 나누던 중 한국 교계에 의사소통 모형을 소개하는 입문서가 없다는 이야기를 듣게 되었다. 그리고 일주일 후, 도서출판 학영의 이학영 대표님으로부터 진입장벽이 낮은 해석학 책을 써 볼 생각이 있느냐는 권유를 받았다. 나는 짧은 간격을 두고 발생한 두 사건을 우연으로 생각하지 않았다. 고심하며 기도해 본 끝에 그러한 내용을 집필하기로 결정했고 그 결과가 독자들의 손에 들려 있는 이 책이다. 이 책의 목적을 한 문장으로 요약하자면 **의사소통 모형을 통해 성경을 해석하고 적용하는 방법을 쉽게 풀어내는 일**이다. 아울러 성경 해석에 도움이 되지만 우리가 무심코 지나치는 요소를 부각시키고, 우리가 이미 알고 있지만 오해하고 있는 요소를 정정하려는 목적도 있다. 독자들은 이 책을 통해 의사소통 모형으로 성경에 접근하는 방법과 성경 해석에 도움이 되는 여러 가지 장치들을 접하게 될 것이다.

제1장은 성경 해석에 도움이 되지만 우리가 무심코 지나치는 요소들에 어떤 것들이 있는지 소개한다. 독자들은 저자와 독자, 선해석 후적용, 가정된 배경지식, 숨겨진 배경지식, 일차 독자, 이차 독자, 역사·초월적 성경 해석 등에 대한 개념을 접하게 될 것이다. 제2장은 **솔라 스크립투라**(*sola scriptura*) 정신과 성경 해석의 상관관계를 고

찰한다. 독자들은 **솔라 스크립투라**와 **솔로/누다 스크립투라**(*solo/nuda scriptura*)의 차이, **솔라 스크립투라**와 웨슬리안 사변형(Wesleyan Quadrilateral)의 관계 등을 보게 될 것이다. 제3장은 지난 200년 동안 일반 해석학 진영이 어떤 기류를 타고 흘렀는지, 그 기류 속에서 어떤 종류의 해석 모형들이 만들어졌는지를 논한다. 독자들은 저자 중심의 접근법, 텍스트 중심의 접근법, 청중 중심의 접근법, 절충형 모형 등의 개념을 접하게 될 것이다. 제4장은 의사소통 모형을 소개한다. 독자들은 의사소통 모형을 구성하는 구조물, 기존의 해석 모형들과 의사소통 모형의 차이점 등을 알게 될 것이다. 제5장은 의사소통 모형을 통해 갈라디아서 4:1-7을 해석하고 적용하는 사례 연구(case study)를 제공한다. 독자들은 의사소통 모형이 성경 해석에 어떻게 사용되는지에 대한 구체적인 예를 보게 될 것이다. 제6장은 의사소통 모형의 한계─더 정확히 말하자면, 모든 해석 모형들이 마주하는 한계─를 소개한다. 독자들은 타당한 성경 해석을 위해 넘어야 할 산이 무엇인지, 그 산을 넘기 위해 필요한 자세가 무엇인지 알게 될 것이다. 그리고 해석의 이상과 현실 사이에 서 있는 우리의 현주소를 보게 될 것이다. 제7장은 바른 성경 해석에 도움이 되는 다섯 가지 지침을 논한다. 독자들은 바이블 스터디(Bible study)와 비블리컬 스터디즈(Biblical studies), 답을 찾는 일과 오답을 찾는 일, 불변하는 말씀과 변화하는 개인, 의심하는 믿음과 맹종하는 믿음, 해석과 대언의 차이 등의 개념을 접하게 될 것이다.

맺으며

우리는 성경을 하나님의 말씀으로 믿는다. 성경은 살아서 역사하는 책이요, 사람들에게 구원과 계몽의 길을 보여주는 특별계시이다. 역사적이지만 초월적이고, 초월적이지만 역사적인 성경은 책들의 왕이요, 계시의 으뜸이다. 이것은 우리가 타협할 수 없는 신앙고백이다. 그러나 성경의 양면성은 우리가 신중함과 겸손함으로 옷입고 하나님의 말씀에 다가가야 함을 천명한다. 성경은 역사적이기 때문에 해석의 규칙을 필요로 한다. 성경은 초월적이기 때문에 성령 하나님의 도우심을 필요로 한다. 무엇보다 성경의 양면성은 양자택일(兩者擇一)의 관계가 아니라 양자택이(兩者擇二)의 관계이기에 우리는 역사성과 초월성을 모두 취해야 한다. 기도와 공부 그리고 공부와 기도를 병행하며 성경에 다가가야 하는 이유가 바로 여기에 있다. 신중함과 겸손함으로 옷 입고 기도와 공부를 병행하며 다가오는 자들에게 성경은 그 본연의 의미를 드러낼 것이다.

나는 오늘도 그 의미를 찾기 위해 마음을 정돈하고, 하나님의 말씀 앞에 선다. 그리고 성경을 열며 조용히 읊조린다.

우리가 성경을 열 때, 성경이 우리를 엽니다.
우리가 성경을 읽을 때, 성경이 우리를 읽습니다.
우리가 성경을 지킬 때, 성경이 우리를 지킵니다.
우리가 성경을 사랑할 때, 성경이 우리를 사랑합니다.

살아서 역사하는 성경, 사람과 소통하기 원하는 성경은 오늘도 우리를 열고, 읽고, 지키고, 사랑하기를 원한다. 이런 축복은 성경을 열되 바르게 열고, 성경을 읽되 바르게 읽고, 성경을 지키되 바르게 지키고, 성경을 사랑하되 바르게 사랑하는 자들에게 수여된다. 나는 내가 그 무리에 포함되기를 원한다. 그리고 이 책을 읽는 독자들도 그 무리에 포함되기를 원한다. 우리 모두가 그 무리에 함께 포함되기를 진심으로 바라며, 이제 기쁘고 설레는 마음으로 동시에 두렵고 떨리는 마음으로 첫 장의 문을 연다.

텍사스주 달라스에서

이상환

제1장

고대 문서와 현대 독자

제1장 고대 문서와 현대 독자

이 몸이 죽고 죽어

일백 번 고쳐죽어

백골이 진토 되어

넋이라도 있고 없고

주 예수 향한 일편단심이야

가실 줄이 있으랴

해석의 시작

정답과 오답

나는 미국에서 이민 목회를 하며 다양한 연령대의 성도들에게 여러 종류의 성경 공부를 인도했던 경험이 있다. **성경 해석**을 주제로 공부를 인도할 때마다 소개하는 시조가 하나 있었는데, 우리에게 잘 알려진 「단심가」(丹心歌)이다.

이 몸이 죽고 죽어

일백 번 고쳐죽어

백골이 진토 되어

넋이라도 있고 없고

임 향한 일편단심이야

가실 줄이 있으랴

성경 공부 시간에 굳이 「단심가」를 언급했던 이유가 무엇일까? 내용이 아름다워서일까? 물론 내용이 아름답기는 하지만 그것이 이유는 아니었다. 「단심가」를 언급했던 이유는 참여자들에게 질문 하나를 묻기 위함이었다. "이 시에 등장하는 '임'은 누구일까요?"

이민 1.5세와 2세가 섞여 있던 고등부 아이들을 대상으로 성경 공부를 인도했던 적이 있다. 나는 여느 때와 마찬가지로 「단심가」를 소개해 준 후 동일한 질문을 던졌다. 한국 문학에 전혀 노출되지 않은 학생들은 다양한 답변들을 제시했다. "여자친구요," "아내요," "엄마요," 심지어 "반려동물이요"라고 답한 친구도 있었다. 「단심가」를 처음 들었던 학생들은 시조의 창작 배경을 전혀 알지 못했다. 하지만 시조에 흐르는 분위기를 통해 "임"이 저자에게 긍정적인 대상임을 유추했다. 그리고 소중한 대상이라는 점까지 유추했다. 하지만 이런 단편적인 정보들만으로는 저자의 "임"을 특정할 수 없었다. 결국 학생들은 시조를 저자의 삶이 아닌 **자신들의 삶**에 대입하여 "임"을 추정하기 시작했다. 그 결과 「단심가」의 "임"은 저자가 의도하지 않은 대상이 되었다.

여기에서 우리는 중대한 질문들을 떠올리게 된다. "학생들이 제시한 답들은 '오답'인가? 그렇다면 '오답'을 제시한 학생들의 행동을 어떻게 해석해야 하나? 텍스트는 텍스트를 해석하는 독자의 문맥에 맞추어 해석되어야 하나? 아니면 텍스트를 생성한 저자의 문맥에 맞추어 해석되어야 하나? 전자가 옳다면 해석하는 사람마다 다른 해석—소위 '귀에 걸면 귀걸이, 코에 걸면 코걸이'와 같은 해석—을 제기할 수 있지 않나? 후자가 옳다면 텍스트를 남긴 저자를 찾지 못할 경우 '정답'은 영원히 감춰질 수밖에 없지 않나?" 이런 질문들은 고대의 문서를 다루는 학자들 사이에 오랫동안 오가고 있다. 내로라 하는 학자들마다 각기 고수하는 해석의 논리를 따라 각양각색의 답들을 제시한다. 하지만 각각의 논리와 상관 없이 모든 국문학자들이 동의하는 확실한 사실 하나가 있다. 「단심가」의 **저자**가 의미했던 "임"은 여자친구, 아내, 엄마, 그리고 반려동물이 아니라는 점이다.

그렇다면 "텍스트는 텍스트를 해석하는 독자의 문맥에 맞추어 해석되어야 한다"는 주장은 틀린 것인가? 솔직히 고백하자면 나도 「단심가」의 "임"을 나의 삶에 맞춰 해석했던 사례가 한 번 있다.

> 이 몸이 죽고 죽어
> 일백 번 고쳐죽어
>
> 백골이 진토 되어
> 넋이라도 있고 없고
>
> 주 예수 향한 일편단심이야
> 가실 줄이 있으랴

예수님을 구주로 영접한 후 「단심가」를 빌려 예수님께 신앙고백을 했던 것이다. 하지만 「단심가」의 저자가 의미했던 "임"은 주 예수가 아니다. 「단심가」 속에는 예수님을 향한 저자의 신앙고백이 전혀 들어있지 않다. 이와 같은 사실을 누구보다도 잘 알았음에도 불구하고, 내가 「단심가」를 빌려 신앙고백을 했던 이유는 무엇일까?

이런 행동은 성경 공부 시간에 "오답"을 제시했던 학생들의 행동과 별반 다를 바가 없지 않나? 그러나 나와 학생들 사이에는 중요한 차이가 하나 있다. 학생들은 저자가 의도했던 "임"이 누구인지 몰랐기에 "오답"을 제시했던 반면, 나는 알고 있었기에 "오답"을 제시했다는 점이다. 다시 말해, 학생들은 「단심가」를 해석할 수 없었기에 어쩔 수 없이 "오답"을 제시했지만, 나는 해석할 수 있었기에 적절히 "오답"을 제시했다. 앞으로 살펴보겠지만 이 둘 사이에는 미묘한, 그러나 아주 중요한 차이가 있다.

선해석과 후적용

내게는 약 28년 전에 교회의 고등부 회장으로부터 받은 성구 하나가 있다. 노란색 종이 위에 검정색 펜으로 쓰인 그 성구는 『개역한글』의 여호수아 1:9 말씀이다.

> 내가 **상환이에게** 명한 것이 아니냐 마음을 강하게 하고 담대히 하라 두려워 말며 놀라지 말라 네가 어디로 가든지 네 하나님 여호와가 너와 함께 하느니라. (수 1:9)

물론 고등부 회장이 사용했던 한역본에 "상환이에게"라는 표현은 없다. 그 표현은 본래 여호수아를 지칭하는 "네게"로 되어 있다. 내가 「단심가」를 빌려 나의 신앙을 고백했듯이, 그 회장도 여호수아 1:9을 빌려 자신의 생각을 표현했던 것이다.

문자적으로 말하자면 "상환이에게"는 "오답"이다. 하지만 그 친구는 그것이 "오답"이라는 사실을 알았음에도 성구를 나에게 건넸고, 나도 그것이 "오답"이라는 사실을 알았음에도 받았다. 기이하게도 나는 그때 성구를 통해 큰 위로를 받았고, 지금도 그것을 볼 때마다 위로를 받는다. 그 이유가 무엇일까? 그 성구에 "오답"이 적혀 있음을 알지만 하나님께서 두려운 상황에 놓인 여호수아에게 힘과 용기를 주셨듯이, 나에게도 동일한 힘과 용기를 주시기를 바라기 때문이다. 물론 나는 여호수아 1:9을 설교할 때 "네게"를 "상환이에게"로 치환하여 본문을 해석하지 않는다. 그러나 여호수아에게 힘과 용기를 주셨던 하나님께서 나의 하나님도 되시기에, 여호수아에게 역사하셨던 그 하나님께서 나에게도 역사하실 수 있다고 적용한다. 즉, **해석의 영역**에서 "네게"는 "상환이에게"가 될 수 없지만, **적용의 영역**에서 "네게"는 "상환이에게"도 될 수 있다는 의미이다.

원점으로 돌아와 다시 질문해 보자. "성경의 텍스트는 텍스트를 생성한 저자의 문맥에 맞추어 해석되어야 하나? 아니면 텍스트를 해석하는 독자의 문맥에 맞추어 해석되어야 하나?" 한 개의 단어만 수정한다면 둘 다 맞다고 말하고 싶다. 두 번째 문장 끝에 사용된 "해석"을 "적용"으로 바꾼다면 말이다. "성경의 텍스트는 텍스트를 생성한 저자의 문맥에 맞추어 해석되어야 하나? 아니면 텍스트를 해석하는 독자의 문맥에 맞추어 **적용**되어야 하나?" 성경의 텍스트는 텍스트를 생성한 저자의 문맥에 맞춰 **해석**된 후, 해석하는 독자의 문맥에 맞춰 **적용**될 수 있다.

안타깝게도 우리 주변에는 해석과 적용의 차이를 인지하지 못하고 둘을 유의어나 동의어로 사용하는 사람들이 있다. 하지만 해석과 적용은, 아무리 비슷해 보인다 할지라도 다른 작업이다. 그리고 둘 사이에는 **선해석 후적용**이라는 우선순위가 있다.[1] 만약 이 순서가 뒤바뀌면 깃대 없는 깃발이 바람을 따라 정처 없이 허공을 헤매듯이, 닻 없는 배가 파도에 밀려 정처 없이 표류하듯이, 우리의 성경 해석과 적용은 걷잡을 수 없이 복잡한 미궁에 빠지고 말 것이다. 나는 「단심가」의 "임"을 나의 임, 즉 여자친구, 아내, 엄마, 그리고 반려동물로 적용하는 사람들의 의견을 존중한다. 그리고 개인의 상황—타인은 알 수 없는 나만의 상황—에 따라 적용의 범위가 달라질 수 있다고 생각한다. 나 역시도 예수님을 향한 나의 신앙고백을 위해 「단심가」를 사용했다. 하지만 「단심가」의 "임"이 나의 임이 되기 전에, 먼저 저자의 "임"이었다는 사실을 기억하는 일은 중요하다. 그래야 텍스트와 전혀 상관없는 뿌리 없는 적용이나 근본 없는 적용을 피할 수 있다.

텍스트와 컨텍스트

「단심가」의 "임"은 우리의 임이 아니라 저자의 "임"이다. 이런

---

1   Daniel L. Akin, Bill Curtis, and Stephen Rummage, *Engaging Exposition* (Nashville, TN: B&H, 2011); Daniel L. Akin, David L. Allen, Ned Mathews, *Text-Driven Preaching: God's Word at the Heart of Every Sermon* (Nashville, TN: B&H, 2010); Craig B. Larson (ed.), *Interpretation and Application* (Peabody, MA: Hendrickson, 2012)을 참고하라.

사실을 감안한다면 「단심가」의 저자를 찾는 일은 유의미하다. 저자를 알면 시의 창작 배경이 보이고, 창작 배경이 보이면 "임"을 특정하는 작업이 수월해 질 것이다. 그렇다면 「단심가」의 저자는 누구일까? 현재 학계에서 가장 널리 공유되고 있는 견해에 따르면 정몽주이다. 그는 고려 말기의 학자로서 시문에 뛰어나 많은 한시와 서화를 남겼으며, 어려운 시국에도 불구하고 무너지는 고려를 지키기 위해 끝까지 투쟁했던 애국자였다.

정몽주가 「단심가」의 저자라면, 「단심가」의 "임"은 정몽주의 "임"이다. 이제 우리는 정답에 한 발자국 더 가까이 갔다. 하지만 아직 그곳에 도달하지는 않았다. 저자를 특정했다고 해서 바로 "임"이 특정되지는 않는다. 경우의 수를 고려해 보자면, "임"은 여전히 정몽주의 여자친구, 아내, 엄마, 혹은 반려동물일 수 있다. 혹은 우리가 전혀 예상하지 못하는 또 다른 누군가가 될 수도 있다. 정몽주의 "임"을 특정하기 위해서는 보다 구체적인 정보가 필요하다.

나병철 교수는 「단심가」를 바르게 해석하기 위해 필요한 요소들 중 하나가 바로 시조가 탄생한 "시대적 배경"이라고 말한다.[2] 「단심가」의 시대적 배경을 알면 정몽주가 의미한 "임"에게 한 걸음 더 가까이 갈 수 있지 않을까? 정몽주가 살았던 고려 말기는 시국이 어지러웠다. 특히 공양왕을 하야시키고 이성계를 왕으로 세우려는 역성혁명의 움직임은 상황을 더욱 복잡하게 만들었다. 진취적인 사상가였던 정몽주는 고려를 개혁해야 한다는 생각을 품고 있었다. 그리

_____

2   나병철, 『문학의 이해』 (문예출판사, 1994), 47.

고 필요에 따라 왕을 폐할 수도 있다는 사상을 품고 있었다. 그러나 본인이 옹립한 공양왕의 자리에 이성계를 앉힐 의사는 없었다. 결국 정몽주는 새롭게 부상하는 이성계 일파의 정적이 되었다. 그러던 중 이성계의 다섯째 아들 이방원이 정몽주와 겸상할 기회가 찾아왔고, 이방원은 그 자리에서 정몽주를 회유하기 위해 「하여가」(何如歌)를 읊었다.

> 이런들 어떠하리 저런들 어떠하리
> 만수산 드렁칡이 얽혀진들 어떠하리
> 우리도 이같이 얽혀서 백 년까지 누리리라

이방원은 화해와 조화의 언어로 구성된 얽힘의 논리를 통해 정몽주에게 이성계 일파와 뜻을 같이하자는 회유의 손을 내밀었다. 그러나 정몽주는 이방원의 제안을 수락하지 않았다. 오히려 화답가를 지어 응수했는데, 그것이 바로 「단심가」이다. 이런 창작 배경을 고려하여 다시 한번 「단심가」를 보자.

> 이 몸이 죽고 죽어
> 일백 번 고쳐죽어
>
> 백골이 진토 되어
> 넋이라도 있고 없고

임 향한 일편단심이야

가실 줄이 있으랴[3]

　이제 우리는 정몽주의 "임"이 누구인지 특정할 준비가 되었다. "임"은 정몽주의 여자친구, 아내, 엄마, 혹은 반려동물이 아니었다. 그는 고려의 임금, 공양왕이었다.

가정된 배경지식

생략된 정보

　「단심가」의 창작 배경을 설명해 주자 한 학생이 손을 들고 질문했다. "왜 이토록 중요한 정보가 「단심가」에 나타나지 않나요?" 학생의 질문에 공감이 갔다. 「단심가」는 많은 의미를 담고 있지만 많은 것을 말하지 않는다. 시조의 창작 배경(공양왕, 이성계, 이방원, 역성혁명, 하여가)에 대한 어떤 정보도 명시되어 있지 않다. 이것들이 중요하지 않기 때문일까? 그렇지 않다. 무척 중요한 정보이다. 그럼에도 불구하고 시조에서 완전히 생략될 수 있었던 이유는 정몽주와 이방원 사이에 시조의 창작 배경이 이미 공유되어 있었기 때문이다. 정몽주와 이방원은 동시대의 사람으로서 시국의 격변을 함께 겪으며 여러 가지 이야기

3　정몽주를 회유할 수 없다는 점을 인지한 이방원은 사람들을 보내 정몽주를 선죽교에서 죽였다고 전해진다.

를 주고받았다. 그러므로 정몽주는 이방원도 이미 알고 있는 시조의 창작 배경을 「단심가」에 언급할 필요를 느끼지 못했다. 정몽주와 이방원 사이에 공유되어 있던 정보, 그래서 정몽주가 「단심가」에 생략할 수 있던 정보를 가리켜 **가정된 배경지식**이라고 한다.

여기에서 한 가지 중요한, 그러나 자주 무시되는 부분을 짚고 넘어가자. 「단심가」의 저자는 정몽주이다. 그렇다면 독자는 누구일까? 우리일까? 이방원일까? 아니면 둘 다 일까? 답하기 애매모호하다면 질문을 약간 수정해 보자. 「단심가」의 **일차 독자**는 누구일까? 즉, 정몽주는 누구에게 시조를 읊었을까? 이방원이다. 정몽주는 21세기의 우리가 아니라 고려 말기의 이방원에게 본인의 위국충절의 의사를 전하기 위해 「단심가」를 지었다. 우리가 「단심가」를 안다고 해서, 우리가 「단심가」를 외운다고 해서, 우리가 「단심가」를 각자의 필요에 따라 사용한다고 해서, 우리가 이방원의 자리를 대신할 수는 없다. 「단심가」의 일차 독자는 오직 한 명, 이방원이다. 이런 이유로 인해 정몽주는 「단심가」의 창작 배경을 언급하지 않고 과감히 생략할 수 있었다. 굳이 말하지 않아도 이방원은 그것을 누구보다 잘 알고 있었기 때문이다.

일차 독자와 이차 독자

문제는 일차 독자가 아닌 **이차 독자**(제삼자)가 「단심가」를 만날 때 발생한다. 저자와 일차 독자 사이에 공유된 배경지식이 없는 이차 독자는 텍스트에 가정된, 그래서 생략되어 있는 정보들로 인해 **의미**

의 **공백**을 경험한다. 이 공백은 이차 독자가 짐작하는 분량보다 더욱 거대하다.

　예컨대 정몽주가 「단심가」를 지은 이유는 단순히 위국충절의 마음을 전하기 위함만은 아니었다. 충신들에게 나라와 왕을 향한 지조와 절개가 있다고 해서 모두 「단심가」와 같은 시조를 읊지는 않는다. 그러나 정몽주는 「단심가」를 지었다. **구체적인 시대, 구체적인 상황**, 그리고 **구체적인 사건**이 그에게 시조를 읊도록 요구했기 때문이다. 즉, 「단심가」는 고려 말기(구체적인 시대)에 이성계 일파의 역성혁명(구체적인 상황)을 돕기 위한 이방원의 「하여가」(구체적인 사건)의 반대작용으로 탄생했다. 저자인 정몽주와 일차 독자인 이방원 사이에 이미 공유되어 있던 시대, 상황, 사건은 정몽주로 하여금 「단심가」에 들어 있는 짧은 몇 마디를 통해 백 마디, 천 마디, 만 마디의 의미를 순식간에 이방원에게 전달하게 했다. 또한 이방원으로 하여금 짧은 「단심가」에 담겨있는 수많은 의미를 아무 어려움 없이 풀어내게 했다.

　이제 「단심가」가 읊어진 이래로 약 650년의 시간이 흘렀다. 그리고 언어와 문화가 극적으로 다른 장소에 있는 이차 독자의 손에 동일한 텍스트가 주어졌다. 그리고 이차 독자에게 「단심가」를 처음 소개해준 사람이 묻는다. "이 시에 등장하는 '임'은 누구일까요?" 정몽주와 이방원 사이에 공유되었던 **가정된 배경지식**이 전혀 없는 이차 독자는 본인이 할 수 있는 선상에서 최선을 다해 "임"을 찾는다. 그리고 본인이 일편단심 민들레와 같은 마음을 줄 수 있는 대상(여자

친구, 아내, 엄마, 혹은 반려동물)을 찾아 텍스트에 적용해 본다. 올컥하는 감동이 몰려올 수 있고, 코끝이 찡한 애틋함을 느낄 수도 있다. 「단심가」의 "임"에 나의 임을 넣어도 그럴듯한 해석이 만들어지기 때문이다. 심지어 나의 임이 곧 정몽주의 "임"이 될 수 있을 것만 같은 착각까지 일어날 수 있다. 하지만 한 가지 확실한 사실이 우리의 눈앞에 펼쳐졌다. 정몽주의 "임"은 위에 제시된 대상에 없다.

바른 해석과 뿌리 있는 적용

「단심가」에 등장하는 "임"이 "반려동물"이라고 답한 학생에게 「단심가」의 창작 배경을 설명해주었다. 미국에서 태어나 미국의 정규 교육을 받는 학생에게 고려 말기의 역사를 설명하는 작업이 그리 쉽지는 않았다. 하지만 우리는 서로 인내하며 그 과정을 마쳤다. 그 결과 정몽주와 이방원 사이에 공유되었던 정보가 서서히 그 모습을 드러내기 시작했고, 곧 그 학생에게 다가가 가정된 배경지식이 되어주었다. 나는 그 학생에게 다시 물었다. "이 시에 등장하는 '임'은 누구일까요?" 학생은 주저함 없이 답했다. "정몽주에게는 공양왕이요. 그런데 내게는 예수님이요! 정몽주가 공양왕에게 충성심(loyalty)을 보였듯이 나도 예수님께 충성심을 드릴 수 있거든요!"

학생의 고백을 들은 나는 미소를 지었다. 내게 중요했던 부분은 "정몽주에게는 공양왕이요"라는 해석의 영역이었기 때문이다. 우선 해석의 영역에서 첫 단추가 잘 끼워져야 선을 넘지 않는 적용이 가능해진다. 저자와 일차 독자 사이에 공유된 가정된 배경지식이 이차 독자에게 가정된 배경지식으로 공유될 때, 바른 해석에 기인한 뿌리 있는 적용이 가능해진다는 의미이다. 나도 「단심가」를 빌려 예수님을 향한 신앙고백을 했다. 단지 시조의 내용이 귀에 아름답게 들렸기 때문만은 아니다. 「단심가」의 창작 배경을 알고 있었기 때문에 시조에 담겨있는 지조, 절개, 충절과 같은 핵심어가 마음에 깊이 다가왔다. "일편단심 민들레"라고 했던가? 예수님을 향한 지조, 절개, 충절을 일편단심 민들레처럼 지키겠노라는 다짐을 표현하는 일에 「단심가」는 안성맞춤이었다. 정몽주가 그의 "임"(공양왕)을 향한 마음을 시조를 지어 표현했다면, 나는 그 시조를 빌려 나의 임(만왕의 왕)을 향한 마음을 표현했던 것이다.

위에 언급한 학생도 창작 배경과 상관없이 「단심가」를 해석하여 근본 없는 적용을 만들지 않았다. 대신 역사에 부합하는 해석을 통해 발견한 「단심가」의 핵심어―왕을 향한 신하의 충성심―를 무시하지 않은 채 근본 있는 적용을 만들었다. 그 결과 해석("정몽주에게는 공양왕이요")과 적용("그런데 내게는 예수님도 돼요!") 사이에 공통분모("정몽주가 공양왕에게 충성심을 보였듯이 나도 예수님께 충성심을 드릴 수 있거든요!")가 생성되었다. 이 학생은 더 이상 "정답"을 몰라 "오답"으로 「단심가」를 해석하거나 적용하지 않았다. 대신 "정답"을 알았기 때문에 적절히 "오답"을 사용했다. "정답"을 아는 자의 수혜를 누린 셈이다. 물론 그럼에도 불구하고 변하지 않는 사실이 있다. 「단심가」를 지은 저자의 "임"은 누가 뭐라고 해도 공양왕이라는 사실이다.

숨겨진 배경지식

저자와 일차 독자 사이에 공유된 정보는 이차 독자—저자와 구체적인 시대, 구체적인 상황, 구체적인 사건을 함께 경험하지 않은 이차 독자—에게 숨겨지는 경우가 대부분이다. 그 결과 텍스트에 들어 있는 가정된 배경지식은 이차 독자에게 **숨겨진 배경지식**이 된다. 저자가 일부러 숨겼기에 숨겨진 것이 아니다. 단지 이차 독자가 일차 독자가 아니기 때문에 저절로 숨겨진 것이다. 우리가 이와 같은 이차 독자의 한계를 인지하며 인정하는 일은 매우 중요하다.

가정된 정보와 숨겨진 정보

하나의 예를 들어보자. 아래는 김권제 칼럼니스트가 2020년 5월 14일에 「백합의 유래」라는 주제로 쓴 칼럼에서 발췌한 글이다.

> 세 번째 설은, 독일 민화 속에 나오는 이야기로 할츠 산에 어여쁜 소녀인 아리스가 어머니와 함께 살고 있었다. 변사또 같은 그 지역의 성주가 어느날 말을 타고 나왔다가 아름다운 아리스를 발견하고 그녀를 소유하고 싶어졌다. 그래서 그는 부하들을 시켜서 자기의 성으로 그녀를 데려오게 했다. 아리스는 그의 손아귀에서 벗어나고자 갖은 방법을 다 써 보았으나 방법이 없자 성모 마리아 앞에 꿇어 앉아 '제발 성주의 손 아귀에서 벗어나게 해달라고' 기도를 올렸다. 마리아는

아리스를 측은히 여겨서 그녀를 아름다운 백합꽃으로 만들어 주었다.[4]

　칼럼니스트는 "**변사또 같은 그 지역의 성주**"라는 표현을 사용했다. 하지만 칼럼 전체를 살펴봐도 변사또가 누구인지에 대한 설명이 없다. 그 이유가 무엇일까? 칼럼니스트는 본인이 설정한 일차 독자들이 변사또를 알고 있을 것이라 가정했기 때문이다. 그의 예상은 빗나가지 않았다. 변사또는 한국 사람이라면 누구나 다 아는, 그래서 굳이 설명할 필요가 없는 춘향전에 등장하는 탐욕스런 부패 관리의 대명사이다. 그래서 그의 일차 독자들은 칼럼의 내용을 이해하는 데 전혀 어려움이 없다. 변사또는 저자와 일차 독자 사이에 이미 공유되어 있는 **가정된 배경지식**으로 작용하는 것이다.

　만약 칼럼니스트가 한국 문학을 전혀 모르는 외국인을 일차 독자로 설정한다면 어떨까? "변사또 같은 그 지역의 성주"라는 표현을 그대로 사용할 수 있을까? 그렇지 않다. 변사또는 더 이상 저자와 일차 독자 사이에 존재하는 가정된 배경지식이 아니기 때문에 다른 표현을 사용하는 것이 좋다. 만약 칼럼니스트가 변사또라는 표현을 굳이 언급하고 싶다면, 춘향전에 대한 배경지식을 어느 정도 함께 소개해야 할 것이다. 하지만 이런 선택은 글의 초점을 흐리고, 글의 분량을 불필요하게 늘리는 위험을 초래한다. 변사또라는 표현 대신 일차 독자가 이미 알고 있는 부패한 관리의 대명사를 찾

4　굵은 활자체는 강조를 위해 본인이 첨가했다.

아 사용하는 것이 더욱 합리적이다.

또 다른 상황을 가정해 보자. 한국 문화에 문외한인 외국인이 이차 독자의 위치에서 칼럼을 읽고 있다. 외국인은 별 어려움 없이 서두의 문장을 해석한다. 하지만 "변사또 같은 그 지역의 성주"에서 잠시 주춤한다. 우리에게 **가정된 배경지식**은 외국인에게 **숨겨진 배경지식**으로 작용하기 때문이다. 물론 아무리 외국인이라 할지라도 위의 칼럼처럼 내용이 쉽고 명료한 경우에는 문맥을 살펴 변사또에 담긴 부정적인 의미를 유추할 수 있다. 하지만 그렇다고 해도 춘향전을 알고 있는 일차 독자가 느끼는 분량만큼의 변사또에 담긴 부정적인 의미를 느낄 수는 없다. 외국인에게 변사또는 '유쾌하지 못한 사람' 정도로 유추될 수 있겠으나 '탐욕스러운 부패 관리, 부정과 부패의 대명사가 된 악한 존재'로까지 유추될 수는 없다. 외국인은 이제 두 개의 갈림길에 서게 된다. 하나는 변사또를 그가 아는 유쾌하지 못한 사람들 중에 한 명 정도로 생각하고 칼럼을 계속해서 읽는 길이다. 다른 하나는 변사또에 담긴 풍성한 의미를 찾기 위해 춘향전을 읽는 길이다. 선택은 전적으로 외국인에게 달려있다. 만약 후자를 선택한다면, 외국인은 춘향이를 괴롭히는 변사또를 **숨겨진 배경지식**이 아닌 **가정된 배경지식**으로 소유하게 되어 예전보다 더욱 풍성하게 칼럼을 읽게 될 것이다.

한 가지 재미있는 예를 들어보자. 다음과 같은 문장을 현 문맥에 사용했다고 가정해 보자. "내가 배경지식을 알기 전에는 변사또가 다만 유쾌하지 못한 사람에 지나지 않았다. 내가 배경지식을 알게 되었을 때, 그는 나에게로 와서 악의 화신이 되었다." 이 책의 일차 독자들은 아마도 피식 웃었을 것이다. 위의 문장은 김춘수의 「꽃」의 일부를 고쳐 인용한 것이기 때문이다. "내가 그의 이름을 불러주기 전에는 그는 다만 하나의 몸짓에 지나지 않았다. 내가 그의 이름을 불러주었을 때, 그는 나에게로 와서 꽃이 되었다." 만약 김춘수의 「꽃」을 모르는 외국인이 동일한 문장을 읽는다면 어떨까? 일차 독자처럼 웃을 수 있을까? 아니다. 「꽃」은 나와 일차 독자 사이에 존재하는 가정된 배경지식인 반면, 외국인에게는 숨겨진 배경지식이기 때문이다.

중간 점검

몇 가지 테스트를 해보자. 아래에 소개된 두 편의 시 속에서 우리에게는 숨겨진, 그러나 일차 독자에게는 가정된 배경지식이 무엇인지 찾아보자.

해와 하늘 빛이
문둥이는 서러워

보리밭에 달 뜨면
애기 하나 먹고

꽃처럼 붉은 울음을 밤새 울었다

서정주 시인의 「문둥이」이다. 시를 읽다보면 우리에게 숨겨진 배경지식이 있다는 점을 쉽게 알 수 있다. 바로 "애기 하나 먹고"라는 표현에 가정되어 있는 속설—"문둥병은 갓난 아기의 간을 꺼내 먹거나 아기를 술에 담가 먹으면 낫는다"는 속설[5]—이다. 이런 속설이 떠돌던 시대를 살았던 시인은 속설을 알고 있는 동시대 독자들을 생각하며 펜을 들었다. 그렇기에 속설에 대한 설명이 시 속에 들어갈 필요가 전혀 없었다. 그러나 이런 속설이 더 이상 떠돌지 않는 요즘, "애기 하나 먹고"에 담겨 있는 가정된 배경지식은 현대인에게 숨겨진 배경지식이 된다. 그 결과 「문둥이」를 읽는 현대인은 의미의 공백을 만난다.

이번에는 김소월 시인의 「초혼」을 보자.

산산이 부서진 이름이여!
허공 중에 헤어진 이름이여!
불러도 주인 없는 이름이여!
부르다가 내가 죽을 이름이여!

심중에 남아 있는 말 한 마디는
끝끝내 마저 하지 못하였구나.
사랑하던 그 사람이여!
사랑하던 그 사람이여!

---

5   김점용, 『미당 서정주 시적 환상과 미 의식』(국학자료원, 2003), 278.

붉은 해는 서산마루에 걸리었다.
사슴의 무리도 슬피 운다.
떨어져 나가 앉은 산위에서
나는 그대의 이름을 부르노라.

설움에 겹도록 부르노라.
설움에 겹도록 부르노라.
부르는 소리는 비껴가지만
하늘과 땅 사이가 너무 넓구나.

선 채로 이 자리에 돌이 되어도
부르다가 내가 죽을 이름이여!
사랑하던 그 사람이여!
사랑하던 그 사람이여!

김소월 시인은 우리 민족의 "전통적 상례(喪) 중의 한 절차인 고복(皐復) 의식을 빌어서 사랑하는 사람의 죽음으로 인한 슬픔을 표현하고 있다."[6] 고복 의식의 절차 중 북쪽을 향해 죽은 사람의 이름을 세 번 부르는 초혼 예식이 있다. 이런 이유로 「초혼」에 사랑하는 사람의 이름을 부르는 행위("부르노라")가 세 번 등장한다. 고복 의식을 가정된 배경지식으로 소유한 일차 독자는 시에 언급된 "사랑하던

---

6   최정숙,『현대시와 민속』(한국학술정보, 2007), 67.

그 사람"이 세상을 떠난 고인(故人)이라는 사실을 인식할 수 있다. 반면에 가정된 배경지식이 없는 이차 독자는 「초혼」에 묘사된 이별을 단순한 실연(失戀)의 아픔으로 축소시켜 이해할 가능성이 있다.

성경과 의미의 공백

이처럼 저자와 일차 독자 사이에 존재하는 가정된 배경지식은 텍스트에 생략되어 있는 경우가 많다. **성경도 예외는 아니다.** 앞으로 알아보겠지만, 성경에는 저자와 일차 독자 사이에 이미 공유되어 있는 정보들—그래서 과감히 생략되어 있는 정보들—이 가득하다.[7] 마치 한국인에게 전주하면 비빔밥, 나주하면 곰탕, 천안하면 삼거리, 수안보하면 온천, 공양미하면 삼백석이라는 정보가 이미 공유되어 있듯이, 성경의 저자와 독자 사이에도 이미 공유된 정보가 있다. 현대인들이 성경의 저자와 일차 독자 사이에 공유된 정보를 모르고 성경을 읽을 경우, 커다란 의미의 공백을 만나게 된다. 신현우 교수는 가정된 배경지식의 중요성을 이렇게 설명했다.

> 본문을 이해하기 위해서는 저자가 전제하고 있는 배경지식이 필요하다. 저자는 독자가 어떠한 문헌을 안다고 가정하고 글을 쓰기도 한다. 이 경우 그 문헌을 연구하여 배경지식을 갖추어야 본문을 제대로

---

[7] 배경지식 연구의 개괄적인 가이드를 보려면 Joseph D. Fantin, "Background Studies: Grounding the Text in Reality," in *Interpreting the New Testament Text: Introduction to the Art and Science of Exegesis* (ed. Darrell L. Bock and Buist M. Fanning; Wheaton, IL: Crossway, 2006), 167-96을 참고하라.

이해할 수 있다. … 저자와 최초의 독자들은 동일한 언어와 문화권 속에 살았기 때문에 설명하지 않아도 공유되는 많은 정보들을 가지고 있었다. 오늘날 오래된 문헌들을 읽는 독자들은 이러한 정보를 가지고 있지 않기 때문에 글을 이해하기 어려워진다. 이러한 정보는 어떤 역사적 사실일 수도 있고, 문화적·종교적 관습일 수도 있고, 지리적 정보나 언어적 표현 방식일 수도 있다.[8]

성경에 생략되어 있는 정보를 찾는 일은 의미의 공백을 채우기 위한 선택적 요소가 아니라 필수적 요소이다.

고등학생 때 있었던 일이다. 성경 통독 사경회에 참여하여 성경을 읽기 시작했다. 창세기 6장을 읽다가 4절에 있는 "네피림"이라는 단어에서 시선이 멈췄다. "네피림"이 무엇인지 몰랐던 나는 4절 이하의 내용을 충분히 이해할 수 없었다. 그래서 쉬는 시간에 사경회를 인도하셨던 목사님께 "네피림"에 대해 여쭤봤다. 그러자 목사님께서 말씀하셨다. "성경이 애써 설명하지 않는 내용은 별로 중요하지 않은 것들입니다. '네피림'이 중요했다면 성경이 자세히 설명을 했겠지요. 그러니 '네피림'이 무엇인지 궁금해 하지 말고 성경이 확실히 말하는 부분들만 집중해서 읽으세요." 그때는 목사님의 조언이 설득력 있다고 생각했다. 하지만 지금은 두 가지 이유로 동의하지 않는다.

---

8   신현우, 『신약 주석학 방법론: 동양적 성경 해석학 서론』, 개정판 (킹덤북스, 2017), 150-51.

첫째, 성경의 모든 내용들(단어, 문장, 표현)은 중요하다. 그러므로 성경에 '별로 중요하지 않은 것들'은 없다.

둘째, 성경의 저자는 일차 독자에게 펜을 들었다. 그러므로 성경에는 저자와 일차 독자 사이에 가정된 배경지식(그러나 현대인들에게는 숨겨진 배경지식)이 들어 있다.

　창세기 6:4에 등장하는 "네피림"도 마찬가지이다. 본문이 이들의 정체성을 구체적으로 설명하지 않는 이유는 "네피림"은 저자와 일차 독자 사이에 존재했던 가정된 배경지식이기 때문이다. "네피림"이 우리에게 숨겨진 배경지식이라는 이유로 "네피림"을 중요하지 않은 단어로 취급하면 안 된다. 성경에 사용된 모든 단어는 중요하고, 각자의 자리에서 의미의 구성 요소로 유의미하게 작용한다. 단지 우리가 이차 독자이기 때문에 아직 파악할 수 없는 단어가 있을 뿐이다. 주원준 교수는 성경의 단어와 이차 독자의 관계에 대해 이렇게 말했다. "구약성경의 한 단어도 버릴 것이 없다. 의미 없는 단어란 구약성경에 존재하지 않는다. 뜻이 얕은 단어도 없다. 다만 우리가 아직 충분히 깨닫지 못한 단어가 있을 뿐이다."[9] 성경을 하나님의 말씀으로 믿는 성도들은 성경에 사용된 모든 단어들을 소중히 여겨야 한다. 설령 그 의미를 찾을 수 없는 단어라고 할지라도 존중해야 한다. 그리고 숨겨진 배경지식을 가정된 배경지식으로 바꾸

9　주원준, 『구약성경과 작은 신들: 그리스도교 신앙의 뿌리에서 발견한 고대근동 신화와 언어의 흔적들』 (성서와함께, 2021), 18.

기 위해 노력해야 한다. 그 작업이 아무리 더디다 할지라도, 그리고 그 작업을 우리 세대에 이룰 수 없다 할지라도 말이다.

성경의 이차 독자

우리의 위치

「단심가」와 성경 사이에 공통점이 있다. 모두 저자와 독자가 있다는 점이다. 여기에서 말하는 독자는 일차 독자와 이차 독자를 모두 포함한다. 이는 「단심가」의 이차 독자가 「단심가」를 읽을 때 한계를 경험했던 것처럼, 성경의 이차 독자도 성경을 읽을 때 동일한 한계를 경험할 수 있다는 의미이다. 아마 우리 중에는 성경의 독자를 일차와 이차 독자로 구분하는 일이 불필요하게, 혹은 불편하게 느껴지는 분들도 있겠다. 하지만 바울서신의 원문을 받은 2,000년 전의 독자와 바울서신의 역본을 읽는 21세기의 독자 사이에는 결코 무시할 수 없는, 그리고 무시해서도 안 되는 시간, 장소, 언어, 문화 등의 차이가 존재한다. 바울서신의 원문을 직접 받은 일차 독자는 서신에 생략되어 있는 가정된 배경지식을 바울과 함께 공유하고 있는 반면, 바울서신의 역본을 읽는 이차 독자는 그 배경지식을 공유하고 있지 않다. 그러므로 성경의 독자를 일차 독자와 이차 독자로 구분하는 일은 필요하다. 그리고 무엇보다 성경이 일차 독자를 특정한다. 몇 가지 예를 살펴보자. 데살로니가전서 1:1이다.

바울과 실루아노와 디모데가 하나님 아버지와 주 예수 그리스도 안에 있는 데살로니가 사람의 교회에 이 편지를 씁니다. 은혜와 평화가 여러분에게 있기를 빕니다. (살전 1:1)

본문에는 저자와 일차 독자가 누구인지 명시되어 있다. 저자는 바울이고, 일차 독자는 바울로부터 편지를 받은 데살로니가의 성도들이다. 물론 우리도 일차 독자들처럼 데살로니가전서를 읽는다. 하지만 우리가 바울로부터 데살로니가전서를 직접 받은 대상은 아니다. 우리는 데살로니가 지역에 살지도 않는다. 더 노골적으로 말하자면 우리는 바울을 알지만 바울은 우리를 전혀 몰랐다. 이런 면에 있어서 우리는 일차 독자일 수 없다. 이번에는 에베소서 1:1을 보자.

하나님의 뜻으로 그리스도 예수의 사도가 된 나 바울이 [에베소에 사는] 그리스도 예수를 믿는 성도들에게 이 편지를 씁니다. (엡 1:1)

"에베소에 사는"(ἐν Ἐφεσῳ)이라는 표현이 대괄호 속에 들어있다. 그 이유는 몇 개의 권위 있는 사본들—P⁴⁶, ℵ, B—에 이 표현이 부재하기 때문이다.[10] 이를 근거로 다수의 학자들은 원문에 "에베소에 사는"이라는 표현이 없을 것으로 추정한다.[11] 그렇다면 에베소서의

---

10 Bruce M. Metzger, *A Textual Commentary on the Greek New Testament* (4th rev. ed.; New York: United Bible Societies, 1994), 532.

11 Markus Barth, *Ephesians: Introduction, Translation, and Commentary on Chapters 1–3* (AYB 34; New Haven: Yale University, 2008), 67을 참고하라.

저자는 일부러 수신자란을 비워둠으로써 편지가 다른 지역에 전달될 때마다 그 지역의 이름이 공란에 들어가도록 의도했다는 해석이 가능해진다. 만약 그렇다면, 에베소서는 에베소에 사는 성도들에게만 보내진 서신이 아니라 주변 지역의 성도들도 함께 돌려보도록 의도된 "회람서신"(encyclical letter)일 가능성이 높다.[12] 에베소서의 수신자를 이렇게 이해할 경우, 에베소서의 일차 독자는 에베소 성도들을 포함한 다른 주변 지역의 성도들로 볼 수 있다. 곧 21세기의 독자는 여전히 이차 독자의 자리에 있음을 알 수 있다. 에베소서의 저자는 21세기의 대한민국에 사는 우리를 생각하며 펜을 들지 않았다.

이번에는 요한계시록의 저자와 일차 독자를 알아보자. 계시록의 저자가 누구인지에 대한 학계의 이견이 있지만, 전통적인 견해를 따라 사도 요한이라고 가정하자. 계시록 1장에 따르면 계시록의 일차 독자는 "예수 그리스도의 … 종들"(1절)과 "아시아에 있는 일곱 교회"의 성도들(4절)이다. 1절과 4절에 언급된 대상들이 동일한 수신자라면 계시록의 일차 독자는 아시아에 있는 일곱 교회(에베소, 서머나, 버가모, 두아디라, 사데, 빌라델비아, 라오디게아 교회)를 구성하는 예수 그리스도의 종들이다. 물론 21세기의 성도들도 "예수 그리스도의… 종들"이고, 심지어 요한이 쓴 계시록을 읽기도 하지만, 우리가 "아시아에 있는

---

12 Thomas R. Schreiner, *Interpreting the Pauline Epistles* (2nd ed.; Grand Rapids, MI: Baker Academic, 2011), 44. 또 다른 견해를 보려거든 Lynn H. Cohick, "Letter to the Ephesian," in *Dictionary of Paul and His Letters: A Compendium of Contemporary Biblical Scholarship* (ed. Lynn H. Cohick and Nijay K. Gupta; 2nd ed.; InterVarsity, 2023), 250–61 (257)을 참고하라.

일곱 교회"를 역사적으로 구성했던 성도들이 아니다. 우리는 요한으로부터 계시록을 직접 받지도 않았다. 우리는 요한을 알지만, 요한은 우리가 누구인지 몰랐다. 그러므로 우리는 계시록의 이차 독자이다.

다시 한번 말하지만 성경이 모든 성도들에게 주어진 하나님의 말씀이라는 믿음이 이차 독자를 일차 독자로 만들지 않는다. 성경이 역사를 초월한다는 믿음이 일차 독자와 이차 독자 사이의 간격을 상쇄하지 않는다. 데살로니가 성도들이 믿었던 하나님과 우리가 믿는 하나님이 동일한 분이라는 믿음이, 그리고 저들에게 역사하셨던 하나님께서 우리에게 동일하게 역사하신다는 믿음이 우리를 일차 독자로 만들지 않는다. 성경의 양면성(역사성과 초월성)을 고려할 때, 성경의 독자를 일차 독자와 이차 독자로 나누는 일은 타당하다.

이차 독자의 잘못된 적용

일차 독자와 이차 독자의 구분을 의지적으로 기억하고 성경을 읽는 자세는 매우 중요하다. 우리가 이차 독자라는 의미는 저자와 일차 독자 사이에 존재했던 가정된 배경지식이 우리에게 숨겨진 배경지식으로 작용한다는 점을 부각시킨다. 계시록에서 하나의 예를 살펴보자.

> 이 예언의 말씀을 읽는 사람과 듣는 사람들과 그 안에 기록되어 있는 것을 지키는 사람들은 복이 있습니다. (계 1:3)

본문을 신중히 읽어보면 이상한 부분이 눈에 들어온다. 말씀을 읽는 사람은 단수로 언급되어 있는 반면, 듣는 사람은 복수로 언급돼 있다.[13] 번역자의 실수일까? 그렇지 않다. 그리스어 본문에도 "읽는 사람"(ὁ ἀναγινώσκων)은 단수, "듣는 사람들"(οἱ ἀκούοντες)은 복수로 되어 있다. 읽는 사람은 한 명인데 반해, 듣는 사람은 여럿이다. 그 이유가 무엇일까?

요한계시록 성경 공부에 참여했던 성도들에게 본문에 등장하는 단수와 복수의 문제에 대해 물었던 적이 있다. 참여자들의 대다수는 이 문제를 처음 인지했기 때문에 무척 신기해 하며 성심성의껏 답했다. 그중에 기억에 남는 답변 하나를 나누고자 한다. 참여자들 중에 "성경은 성경으로 풀어야 한다"(sacra scriptura sui ipsius interpres)는 종교 개혁자들의 원리를 시금석 삼아 신앙 생활을 하던 성도가 있었다. 그는 계시록에 등장하는 수의 차이도 이 원리로 풀어야 한다고 주장했다. 그리고 로마서 10:17이 "수의 비밀을 푸는 열쇠"라고 논증했다.

> 믿음은 들음에서 생기고 들음은 그리스도를 전하는 말씀에서 비롯됩니다. (롬 10:17)

로마서 "열쇠"로 계시록 "자물쇠"를 연 그의 해석을 들어보자. "'읽는 사람'이 단수로 쓰이고, '듣는 사람들'이 복수로 쓰인 이유는

---

13   "지키는 사람들"도 복수로 되어 있다. 이 부분은 제6장에서 다룬다.

믿음은 들음에서 나기 때문에 읽는 것보다 듣는 것을 선호하라는 가르침을 주기 위함입니다." 그의 주장을 참신하게 판단한 일부 참여자들은 "믿음을 키우기 위해서는 성경을 읽어주는 낭독 테이프를 반드시 구매해야 한다"는 적용까지 만들어냈다!

나는 우선 그의 소신 있는 답변에 감사를 표했다. 그리고 성경으로 성경을 풀려는 태도에 매우 긍정적으로 반응했다. 그러나 저자와 일차 독자들 사이에 공유되어 있는 가정된 배경지식을 전혀 고려하지 않고 성경을 성경만으로 풀려고 하는 시도는 위험하다는 설명도 덧붙였다. 성경의 저자들은 구체적인 시대에 구체적인 상황 속에서 구체적인 사건에 대응하기 위해 펜을 들었다. 그래서 그들이 남긴 텍스트에는 저자와 일차 독자들 사이에 공유된 가정된 배경지식이 과감히 생략되어 있다. 이런 이유로 성경은 많은 의미를 담고 있지만, 많은 말을 하지 않는다. 성경이 말하지 않는 부분에 성경이 말하는 부분을 무작정 대입한다고 해서 바른 해석이 나오는 것이 아니다. 그런 식으로 만들어진 해석은 이차 독자들의 이치에는 맞을지 모르나 일차 독자들에게는 아주 생경한 혹은 잘못된 해석일 가능성이 높다. 성경이 이차 독자들에게 말하지 않는 부분은 성경이 일차 독자들과 공유하고 있는 가정된 배경지식들 속에서 조명해야 한다. 이런 방식으로 요한계시록 1:3에 사용된 수의 변화를 조명해 보자.

그레코-로만 시대에는 문맹률이 높았기 때문에 글을 읽지도, 쓰지도 못하는 사람들이 꽤 많았다. 그래서 문해력이 있는 사람이 문맹인 사람들을 도와줘야 하는 경우가 많았는데, 공동 읽기(Communal

Reading)—한 사람이 군중들 앞에서 문서를 낭독하는 행위—가 대표적인 그 예라고 할 수 있다. 공동 읽기를 연구한 브라이언 J. 라이트 (Brian J. Wright)는 초기 기독교인들도 공동 읽기를 통해 사상을 공유하는 문화의 수혜자였다는 주장을 펼친다.[14] 그는 신약성경에 등장하는 여러 구절을 예로 들며 본인의 주장을 피력하는데, 요한계시록 1:3도 여기에 포함된다. 라이트의 주장에 따르면 요한계시록 1:3은 "신약성경 전체를 통틀어 [초기 기독교인들의] 공동 읽기에 대한 가장 명백한 진술들 중 하나"이다.[15] 라이트의 연구는 요한계시록 1:3에 등장하는 수의 변화를 설명할 수 있는 해결책을 제공한다. 공동 읽기 독법에 의하면 요한계시록 1:3에 단수로 표기된 "읽는 사람"(ὁ ἀναγινώσκων)은 군중들 앞에서 계시록을 읽는 낭독자를 의미하고, 복수로 표기된 "듣는 사람들"(οἱ ἀκούοντες)은 낭독을 듣는 청중들을 의미한다. 이 해석은 역사적으로 신빙성이 있고, 성경의 총체적인 가르침에 모순되지 않는다.

다른 해석도 가능하다. 그레코-로만 시대의 서신 관습의 권위자 E. 랜돌프 리차즈(E. Randolph Richards)의 연구에 따르면 편지 전달자가 문해인일 경우, 수신자에게 편지를 읽어주는 일이 그 업무에 선택적으로 포함될 수 있었다.[16] 따라서 신약성경의 경우 편지의 발신자

---

14   Brian J. Wright, *Communal Reading in the Time of Jesus: A Window into Early Christian Reading Practices* (Minneapolis: Fortress, 2017).

15   Wright, *Communal Reading in the Time of Jesus*, 195.

16   E. Randolph Richards, *Paul and First-Century Letter Writing: Secretaries, Composition and Collection* (Downers Grove, IL: InterVarsity, 2004), 202.

가 수신자들에게 편지를 효과적으로 읽어줄 수 있는 문해인을 전달자로 선택했을 가능성을 고려해야 한다. 동일한 그레코-로만 시대를 살았던 요한도 이와 같은 서신 관습을 알고 있었을 것이다. 그렇다면 요한계시록 1:3은 그 기록을 일차 독자들에게 건넨 전달자 한 사람(ὁ ἀναγινώσκων)이 성도들에게 계시록 본문을 낭독하고, 복수의 사람들(οἱ ἀκούοντες)이 한데 모여 전달자의 낭독을 듣는 서신 관습의 장면을 가정한 것으로 볼 수 있다. 이 해석도 요한계시록 1:3에 나타나는 단수와 복수의 변화를 설명할 뿐만 아니라 역사적으로 신빙성이 있고, 또한 성경의 총체적 가르침과 모순되지도 않는다.

앞에 소개한 해석들은 우리에게 두 가지 중요한 사실을 보여준다. 첫째, 성경 텍스트와 우리 사이에 문화적 거리가 존재한다. 문해율이 문맹률보다 압도적으로 높은 21세기에는 문해인이 문헌을 읽어주는 공동 읽기나 전달자가 편지를 읽어주는 서신 관습이 없다. 만약 요한이 21세기의 독자를 일차 독자로 설정하고 계시록을 썼다면 공동 읽기나 서신 관습과 같은 문화를 가정하며 1:3을 쓰지는 않았을 것이다. 대신 본문에 등장하는 "읽는 사람"(ὁ ἀναγινώσκων)을 "읽는 사람들"(οἱ ἀναγινώσκοντες)로 바꿔 적었을 것이다. 둘째, 일차 독자와 이차 독자에 대한 구별이 필요하다. 저자는 이차 독자가 아니라 일차 독자를 염두에 두고 텍스트를 구성했다. 만약 이차 독자가 일차 독자에게 먼저 주어진 텍스트를 마치 본인에게 주어진 텍스트처럼 읽는다면 잘못된 해석과 적용은 불가피하게 된다. 예컨대 "믿음은 들음에서 나기 때문에 읽는 것보다 듣는 것을 선호해야 한다"는 해석이나, "믿음을 키우기 위해서는 성경을 읽어주는 낭독 테이프를 반드시 구매해야 한다"는 적용처럼 말이다.

우리를 위해, 우리에게

성경의 초월성과 역사성

해석학 진영에는 "성경은 성경으로 풀어야 한다" 못지않게 중요한 또 하나의 구호가 있다. "성경은 우리를 위해 쓰여졌지 우리에게 쓰여지지 않았다"(Scripture was written *for* us, not *to* us)는 구호이다. 이 구호는 두 개의 개념으로 구성되어 있는데, 하나는 성경의 초월성을 강조하고, 다른 하나는 성경의 역사성을 강조한다. 우선 "성경은 우리를 위해서 쓰였[다]"는 부분은 성경의 독자는 일차 독자와 이차 독자를 모두 포함한다는 초월성을 부각시킨다. "성경은 … 우리에게 쓰여지지 않았다"는 부분은 성경의 독자들은 일차 독자와 이차 독자로 나뉜다는 역사성을 부각시킨다. "성경은 성경으로 풀어야 한다"가 성경의 통일성을 강조한다면, "성경은 우리를 위해 쓰여졌지 우리에게 쓰여지지 않았다"는 성경의 초월성과 역사성을 불가분의 관계로 엮는다.

비슷한 맥락에서 성육신 사건에 담겨 있는 초월성과 역사성을 엮은 C. S. 루이스(Lewis)의 분석을 살펴보자.[17]

---

17   C. S. Lewis, *Miracles: A Preliminary Study* (London: Fount, 1998), 62.

첫째, 하나님께서 동정녀의 몸에 기적을 일으키셨다(초월성).

둘째, 그 기적은 그날 바로 육신으로 세상에 나타나지 않았다(역사성).

셋째, 대신 동정녀의 자궁 속에서 아홉 달의 시간을 머물렀다(역사성).

넷째, 그 후에는 평범한 아이가 태어나는 방식으로 세상에 나타났다(역사성).

성자 하나님의 성육신 사건은 단지 초월성만 포함하지 않고 역사성까지 포함한다는 논증이다. 루이스의 분석은 성경의 형성 과정을 이해하는 렌즈로 사용될 수 있다.

첫째, 하나님께서 성경의 저자에게 영감을 불어 넣으셨다(초월성).

둘째, 그 영감은 그 즉시 문자가 되지 않았다(역사성).

셋째, 대신 저자의 손을 통해 문자화 되는 과정을 거쳤다(역사성).

넷째, 그 후에는 평범한 편지가 세상에 나오는 방식으로 세상에 나왔다(역사성).[18]

---

18 나는 영감설을 설명하는 이론들 중 하나인 "성육신 이론"(Incarnation Theory)을 말하는 것이 아니다. 루이스의 성육신 설명을 예로 사용한 이유는 성육신이 하나님의 초월성과 역사성을 포함한 사건인 것처럼, 성경도 하나님의 말씀의 초월성과 역사성을 포함한 사건임을 설명하기 위함이다. 마이클 F. 버드(Bird)가 지적했듯이 성육신 사건과 성경 사건에는 비슷한 점도 있지만 확실히 다른 점도 있다: "하나님의 말씀이 성경이 된 것이지 하나님께서 성경이 되신 것이 아니다." 그러므로 성육신 사건과 성경 사건의 양상을 동일하게 보는 것은 문제가 있다. Idem, *Evangelical Theology: A Biblical and Systematic Introduction* (2nd ed.; Grand Rapids, MI: Zondervan Academic, 2020), 704-20을 보라.

성경은 본질적으로 하나님의 영감이라는 초월성과 인간의 작문이라는 역사성이 만나 인간에게 가시화된 하나님의 말씀이라는 뜻이다.[19] 여기에서 주목할 부분은 성경은 "저자의 손을 통해 문자화되는 과정을 거쳤다"이다.[20] 저자는 하늘에서 뚝 떨어진 성경을 길 위에서 줍지 않았다. 혹은 "깃펜, 잉크, 그리고 양피지를 들고 골방에 있는 책상에 앉았더니 갑자기 눈이 하얗게 뒤집혔고 두 시간 후에 일어나보니 [성경]이 손에 들려 있던 것"[21]도 아니었다. 대신 본인에게 임한 하나님의 영감을 글쓰기의 과정을 통해 차근차근 그리고 또박또박 풀어냈다. 이렇게 역사적 방식으로 문자화되어 세상에 나온 성경은 세상을 향한 하나님의 초월적 계시를 담게 되었다.

성경이 전달된 순서

성경은 일차 독자에게 먼저 주어진 후 이차 독자에게 주어지도

---

19 성경의 저자를 단지 인간으로만 한정하지 않고 인간 저자와 신적 저자로 보는 이중저자설(Dual authorship)에 대해서는 Elliott E. Johnson, "Dual Authorship and the Single Intended Meaning of Scripture," *BibSac* 143 (1986): 218-27; Jared M. Compton, "Shared Intentions? Reflections on Inspiration and Interpretation in Light of Scripture's Dual Authorship," *Themelios* 33 (2008): 23-33; Kit Barker, *Imprecation as Divine Discourse: Speech Act Theory, Dual Authorship, and Theological Interpretation* (JTIS 16; Winona Lake, IN: Eisenbrauns, 2016)을 참고하라.

20 그레코-로만 시대의 서신 관습의 문화를 보기 원한다면 E. Randolph Richards, *The Secretary in the Letters of Paul* (WUNT 2.42; Tübingen: Mohr Siebeck, 1991); idem, *Paul and First-Century Letter Writing*을 보라.

21 Bird, *Evangelical Theology*, 712.

록 의도된 계시이다. 마치 복음은 "모든 믿는 자"(παντὶ τῷ πιστεύοντι)를 향한 구원의 메시지이지만, 유대인에게 "먼저"(πρῶτον) 전해진 후 그리스인에게 전해지는 순서를 따랐다는 로마서 1:16의 증언처럼, 성경도 모든 성도를 향한 하나님의 계시이지만 일차 독자에게 먼저 전해진 후 이차 독자에게 전해지는 순서를 따랐다. 그래서 초월성과 역사성이 함께 담겨진 성경에는 저자와 일차 독자 사이에 공유된 배경지식(가정된 배경지식), 그러나 이차 독자에게는 공유되지 않은 배경지식(숨겨진 배경지식)이 자연스레 포함되었다. 이는 하나님께서 일차 독자를 더 사랑하시기 때문도 아니요, 이차 독자를 골탕 먹이기 위함도 아니다. 성경이 초월적인 문서임과 동시에 역사적인 문서이기에 발생하는 자연스러운 현상일 뿐이다. 마치 질그릇에 담긴 보배처럼 시간, 공간, 문화, 언어에 제한을 받는 인간의 문자에 초월적인 하나님의 계시가 담겼기 때문에 나타나는 현상이다.

균형 잡힌 자세

성경은 초월적인 하나님의 말씀이기에 일차 독자와 이차 독자 모두를 위한 계시이다. 또한 역사적인 하나님의 말씀이기에 일차 독자와 이차 독자를 구분한다. 우리는 이차 독자이다. 성경의 일차 독자는 더 이상 이 세상에 없다. 세상에 존재하는 것은 일차 독자에게 먼저 주어진 성경과 이차 독자뿐이다. 수천 년 전에 쓰여진 텍스트를 수천 년 후에 태어난 이차 독자들이 마주하고 있다. 이 둘 사이에는 거대한 시간, 공간, 문화, 언어의 공백들이 자리하고 있다. 성경은 많은 것을 말하지만 동시에 많은 것을 말하지 않는다. 이차 독자들은 성경으로부터 많은 것을 듣고 싶어 하지만 성경은 많은 것을 말하지 않는다. 성경과 이차 독자는 가까이 있지만 동시에 너무 멀리 떨어져 있다. 둘 사이에 벌어져 있는 거리는 "믿음"으로 뛰어넘을 수 없다. "성경은 성경으로 푼다"는 방법을 적용해 보지만 그 방법으로 해결할 수 없는 부분도 많다. 어쩌면 좋을까?

우선 성경의 이차 독자인 우리는 "성경은 **우리를 위해** 쓰였[다]"는 믿음을 가져야 한다. 동시에 "성경은… **우리에게** 쓰여지지 않았다"는 사실을 직시해야 한다. 그리고 믿음과 사실 사이에 벌어져 있는 거대한 공백을 체감해야 한다. 그리고 그 공백을 최대한 줄이기 위해 노력해야 한다. "성경에는 저자와 일차 독자 사이에 공유된 배경지식(가정된 배경지식), 그러나 이차 독자에게는 공유되지 않은 배경지식(숨겨진 배경지식)"이 있다는 사실을 기억하며 텍스트에 접근해야 한다. 그리고 최선을 다해 숨겨진 배경지식을 가정된 배경지식으로 바꾸려는 노력을 해야 한다. 그것이 성경을 존중하는 태도이고, 올바른 성경 해석이라는 옷의 첫 단추를 끼우는 길이다. 이런 자세가 초월적이지만 역사적이고, 역사적이지만 초월적인 하나님의 말씀을 대하는 올바른 태도이다.[22] 절대 한쪽으로만 치우치면 안 된다. 초월성만 취해도 안 되고, 역사성만 취해도 안 된다. 모두 취하여 균형 잡힌 자세를 유지해야 한다. 김근주 교수는 성경의 역사성과 초월성의 중첩 관계를 다음과 같이 설명한다.

---

22 이 부분은 제6장에서 구체적으로 다룬다.

신구약성경의 가치는 … 전세계 대부분의 그리스도인에게 영원불변한 하나님의 말씀이라는 데 있다. 그렇기에 성경이 하나님의 말씀이라는 의미의 핵심은 오늘 우리에게도 해당되는 말씀이라는 점일 것이다. … [그러나] 구약성경과 신약성경은 지금부터 수천 년 전의 시대와 문화를 배경으로 하며, 구약뿐 아니라 신약에도 지금은 더 이상 연관되지 않는 권면들이 허다하다. … 달리 말해 [신]구약성경 본문은 수천 년 전의 시대와 역사, 그리고 그 시기의 특정한 상황 안에 놓여 있다. 이를 고려하지 않고 본문에서 어떤 의미를 찾는다면, 그것은 본문의 의미를 드러내기보다 오히려 본문의 의미를 왜곡하기 쉽다. … 신구약성경의 배경이 되는 시대와 상황 속에서 각각의 본문이 어떤 의미를 지니는지 제대로 드러나지 않는다면 이 본문이 오늘 우리 시대에 어떤 의미를 지니는지 말하기 불가능하다고 할 수 있다. … [그러므로] [신]구약성경을 주석한다는 것은 [신]구약성경 본문의 배경이 되는 상황 속에서 이 본문이 의미하는 바가 무엇인지 찾아가는 것이다.[23]

반드시 기억하자. 성경은 초월적이기에 일차 독자와 이차 독자 모두를 포함한다. 그러나 성경은 역사적이기도 하기에 일차 독자와 이차 독자로 나눈다. 그러므로 우리에게는 역사·초월적 방법으로 성경에 접근하는 자세가 필요하다.

---

23 김근주, 『나를 넘어서는 성경읽기』 (성서유니온, 2022), 67-70, 169.

다음 장으로

내 목회 경험에 의하면 많은 성도들이 역사·초월적 방법으로 성경에 다가가는 방법에 이성적으로 동의했다. 하지만 이를 성경 해석에 적용하기는 주저했다. 그 이유가 무엇일까? 놀랍게도 '오직 성경'으로 알려져 있는 **솔라 스크립투라**(*sola scriptura*) 정신에 위배된다고 생각했기 때문이다. 솔라 스크립투라에 정신에 오랫동안 노출된 성도들은 성경의 독자를 일차 독자와 이차 독자로 나누고, 성경에 사용된 배경지식을 가정된 배경지식과 숨겨진 배경지식으로 나누며, 성경에 명시되지 않는 배경지식을 사용해 성경의 의미를 찾는 방법을 **반(反) 솔라 스크립투라적**으로 이해했다. 이런 분위기는 내가 목회했던 거의 모든 한인교회에서 지역을 막론하고 일어났다. 과연 역사·초월적으로 성경을 해석하려는 시도는 솔라 스크립투라 정신에 위배되는 것일까? 제2장에서 이 질문에 대한 답을 찾아보자.

제2장

솔라 스크립투라와 성경 해석

제2장 솔라 스크립투라와 성경 해석

"많은 사람들이 솔라 스크립투라의 다면적 측면을 고려하지 않는다. 그래서 '오직 성경'이라는 표현을 '성경에만 권위가 있고 그외의 것들에는 권위가 없다'는 의미로 오해 및 오용한다. 이런 분위기는 성경 해석에도 영향을 끼쳐 '성경을 성경으로 푼다'는 구호를 '성경을 성경만으로 푼다'는 구호로 변질시킨다. 그 결과 고대근동 문서, 제2성전기 문서, 그레코-로만 문서는 성경 해석에 사용할 수 없는 금기의 자료가 된다. 이런 현상이 개신교 학자들이 외치고 있는 '오직 성경'의 의미를 바르게 적용하는 모습일까? 과연 '오직 성경'은 성경 이외의 자료는 성경 해석에 사용될 수 없다는 의미일까? 결코 아니다."

솔라 스크립투라

떠오르는 질문

성경 공부 시간에 성경의 배경 지식에 대한 중요성을 언급하다 보면 어김없이 찾아오는 질문이 있다. "그런 방법은 솔라 스크립투라 정신에 위배되지 않나요?" "오직 성경"이라는 구호를 들으며 신앙생활을 해온 독자들이 충분히 물을 수 있는 질문이다. 일차 독자에게는 가정된 배경지식이 있고 이차 독자들에게는 숨겨진 배경지식이 있기 때문에 배경지식을 고려하여 성경을 해석해야 한다는 개념은 "오직 성경"의 개념에 반대되는 개념처럼 들릴 수도 있다.

그렇다면 잠시 우리의 주변을 살펴보자. 주변에서 같은 본문을 전하는 설교자들이 서로 다른 해석, 심지어는 서로 모순되는 해석을 제시하는 경우를 쉽게 찾아볼 수 있다. 역설적인 부분은 이들 모두 솔라 스크립투라를 외치고 있다는 사실이다. 어떻게 이럴 수 있을까? 혹시 성경의 한 본문이 여러 의미를 담고 있나? 충분히 그럴 수 있다. 본문이 중의적 의미를 함의하거나 혹은 점진적 계시라는 구조 속에서 나중에 이해될 수 있는 다중적 의미를 포함할 수 있다. 그러나 성경의 근원이신 하나님께서 거짓이 없으신 초월적 존재라고 믿는다면, 한 본문이 서로 극적으로 다르거나 모순된 의미를 담고 있다고 말할 수 없다. 그럼에도 불구하고 솔라 스크립투라를 외치는 설교자들은 같은 본문을 놓고 서로 극적으로 다른 그리고 때로는 모순되는 해석을 내린다. 그 이유가 무엇일까? 여러 가지 이유들 중 하나는 설교자들마다 이해하고 있는 솔라 스크립투라에 대한 정의가 다르기 때문이다.

솔라 스크립투라의 정의

많은 사람들이 솔라 스크립투라의 의미를 "오직 성경"으로 이해하고 있다. 문자적으로 맞는 번역이다. 하지만 "번역은 반역이다"(*traduttore traditore*)라는 말처럼 번역은 원문에 담긴 의미를 온전히 담아내지 못할 때가 종종 있다. 솔라 스크립투라를 "오직 성경"으로 번역한 사례도 마찬가지다. 솔라 스크립투라는 정말 "오직 성경"이라는 의미일까? 그리고 솔라 스크립투라의 정신은 성경 이외의 그 어떤 요소도 성경 해석에 사용할 수 없음을 의미할까?

잠시 우리가 잘 아는 찬양 하나를 살펴보자. 피트 산체스 주니어(Pete Sanchez Jr.)가 작사와 작곡을 한 "주님만 사랑하리"이다.

주님만 주님만
주님만 사랑하리
나의 왕 나의 주님
주님을 더욱 알기 원해
나 주님께 오직 주께 경배하네
거룩 거룩 존귀 존귀하신 주
사랑합니다.

가사에 "주님만 사랑하리"라는 표현이 등장한다. 나도 비슷한 고백을 자주 하고, 내 지인들도 비슷한 고백을 종종 한다. 이 책을 읽는 독자들도 예외는 아닐 것이다. 이 고백을 문자대로 해석하면 "주님을 제외한 모든 것들을 사랑하지 않겠다"는 다짐이 된다. 자신도, 아내도, 남편도, 아들도, 딸도, 친구들도 사랑의 대상이 아니다. 오직 주님 한 분만 사랑의 유일무이한 대상이 된다. 그렇다면 우리는 이런 의미로 "주님만 사랑하리"라는 고백을 하는 걸까? 그렇지 않다. 그 누구도 "나는 주님만 사랑하고 나머지 대상들은 사랑하지 않겠습니다"라는 의미로 저 표현을 사용하지 않는다. 대신 "나는 내 삶에 들어와 있는 모든 대상들 중 주님을 그 누구보다 그리고 그 무엇보다 사랑합니다"라는 의미로 사용한다. 이처럼 "나는 주님만 사랑합니다"라는 표현은 여러 대상들 사이에 사랑의 우선순위를 정하는 수사적 표현이다.

또 하나의 예를 살펴보자. 존 웨슬리(John Wesley)는 자신을 "한 책의 사람"(*homo unius libri*)—성경의 사람—으로 불렀다.[1] 웨슬리가 성경을 제외한 나머지 책들은 결코 읽지 않았다는 의미일까? 물론 아니다. 그는 여러 종류의 책들을 읽었고, 그의 글들은 다독으로 인해 형성된 깊은 사유를 여실히 담고 있다. 그럼에도 불구하고 웨슬리는 "한 책의 사람"으로 본인을 소개한다. 그리고 평생 그렇게 남기를 소원했다. 그 이유가 무엇일까? "한 책의 사람"이란 표현에는

---

1   John Wesley, *Sermons, on Several Occasions* (Oak Harbor, WA: Logos., 1999), Preface 5.

제2장 솔라 스크립투라와 성경 해석 65

"내가 과거에 읽었고, 현재 읽고 있으며, 그리고 미래에 읽을 모든 책들 중에서 하나님의 말씀인 성경이 가장 뛰어난 책입니다"라는 고백이 담겨 있기 때문이다. 그러므로 "한 책의 사람"도 책들 사이에 우선순위를 정하는 수사적 표현이다.

솔라 스크립투라를 논하기 전에 솔라 삼합(The Triad of Solas)의 하나인 솔라 피데(*Sola Fide*), 즉 "오직 믿음"을 살펴보자. 솔라 피데를 강조하는 개신교 학자들은 행위의 중요성을 인정하지 않을까? 그 누구도 그렇게 주장하지 않는다. 개신교 학자들을 통해 출판되는 수많은 연구물을 살펴보면, 믿음과 행위의 중요성이 골고루 강조되어 있음을 알 수 있다. 그들이 솔라 피데를 외치는 이유는 구원을 논하는 데 있어 믿음과 행위 중 믿음이 먼저 온다는 점을 강조하기 위함이다.[2] 솔라 피데는 행위의 중요성을 무시하지 않는다. 행위가 필요 없다고 주장하지도 않는다. 대신 믿음과 행위 사이에 우선순위를 정한다. "나는 예수님을 믿어 구원받았습니다. 그 구원은 선행을 동반하는 전인격적 구원입니다."[3]

---

[2] Don Thorsen, "*Prima Gratia, Prima Fide*, and *Prima Scriptura*: Reforming Protestant Principles," in *The Continuing Relevance of Wesleyan Theology Essays in Honor of Laurence W. Wood* (ed. Nathan Crawford; Eugene, OR: Pickwick, 2011), 202, 220.

[3] 솔라 그라티아(*Sola Gratia*), 즉 "오직 은혜"도 마찬가지이다. 솔라 그라티아는 인간의 자유의지를 무시하는 구호가 아니다. 대신 인간의 구원을 논하는 데 있어 인간의 의지가 하나님의 은혜의 자리에 앉을 수 없다는 우선순위를 정하는 구호이다. Thorsen, "*Prima Gratia, Prima Fide*, and *Prima Scriptura*," 215, 219를 보라.

솔라 스크립투라도 이와 같은 맥락에서 이해되어야 한다. 많은 사람들이 솔라 스크립투라의 다면적 측면을 고려하지 않는다. 그래서 "오직 성경"이라는 표현을 "성경에만 권위가 있고 그 외의 것들에는 권위가 없다"는 의미로 오해 및 오용한다.[4] 이런 분위기는 성경 해석에도 영향을 끼쳐 "성경을 성경으로 푼다"는 구호를 "성경을 성경만으로 푼다"는 구호로 변질시킨다. 그 결과 고대근동 문서, 제2성전기 문서, 그레코-로만 문서는 성경 해석에 사용할 수 없는 금기의 자료가 된다. 이런 현상이 개신교 학자들이 외치고 있는 "오직 성경"의 의미를 바르게 적용하는 모습일까? 과연 "오직 성경"은 성경 이외의 자료는 성경 해석에 사용될 수 없다는 의미일까? 결코 아니다.

솔로 스크립투라, 누다 스크립투라

요즘 많은 수의 학자들이 솔라 스크립투라의 문자적 번역을 의미적 번역으로 수정해야 한다고 목소리를 높이고 있다. 가장 대표적인 학자는 돈 도르센(Don Thorsen)과 행크 반 덴 벨트(Henk van den Belt)이다.[5] 도르센과 벨트, 그리고 이들의 주장에 동의하는 학자들은 솔

---

4   "Sola Scriptura and the Wesleyan Quadrilateral," *WTJ* 41 (2006): 7–27 (8).

5   Thorsen, "*Prima Gratia, Prima Fide*, and *Prima Scriptura*," 201, 203–8; Henk van den Belt, "Sola Scriptura: An Inadequate Slogan for the Authority of Scripture," *CTJ* 51 (2016): 204–26; idem, "The Problematic Character of Sola Scriptura," in *Sola Scriptura Biblical and Theological Perspectives on Scripture, Authority, and Hermeneutics* (ed. Hans Burger, Arnold Huijgen and Eric Peels;

라를 "오직"(only)으로 번역하는 일은 부적합하다고 주장한다. 종교 개혁자들이 의미했던 솔라는 "유일무이"(solo)가 아니라 "최종적"(final), "으뜸가는"(prima), "가장 중요한"(foremost), 그리고 "최고의"(supreme) 라는 뜻이었기 때문이다.[6] 이는 성경이 "유일무이한 권위"가 아니라 많고 다양한 권위들 중에 "최종적 권위," "으뜸가는 권위," "가장 중요한 권위," 그리고 "최고의 권위"라는 의미가 된다. 즉, 솔라 스크립투라 정신은 성경을 제외한 다른 권위들을 모두 무시하고 오직 성경만 권위로 인정하는 다짐이 아니라, 다른 타당한 권위들도 인정하되 성경을 그중에 가장 높은 권위로 인정한다는 다짐이다. 이를 인지한 학자들은 성경 이외의 모든 타당한 권위들을 무시하는 사상을 솔라 스크립투라로 부르지 않는다. 대신 그러한 사상을 솔로 스크립투라 (*solo scriptura*) 혹은 누다 스크립투라(*nuda scriptura*)로 부른다.[7]

Leiden, Brill: 2018), 38-55.

6   Anthony N. S. Lane, "Sola Scriptura? Making Sense of a Post-Reformation Slogan," in *A Pathway into the Holy Scripture* (eds. Philip E. Satterthwaite and David F. Wright; Grand Rapids, MI: Eerdmans, 1994), 297-327 (313); Steven B. Sherman, *Revitalizing Theological Epistemology: Holistic Evangelical Approaches to the Knowledge of God* (Eugene, OR: Pickwick, 2008), 144; Thorsen, "*Prima Gratia, Prima Fide*, and *Prima Scriptura*," 201; Arnold Huijgen, "Alone Together: *Sola Scriptura* and the Other Solas of the Reformation," in *Sola Scriptura Biblical and Theological Perspectives on Scripture, Authority, and Hermeneutics* (ed. Hans Burger, Arnold Huijgen, and Eric Peels; SRT 32; Leiden: Brill, 2018), 82-85.

7   누다 스크립투라는 문자적으로 "벌거벗은 성경"이라는 뜻으로 교회의 역사와 전통에서 일탈되어 추상화 되어진, 그래서 벗겨진 성경이라는 의미를 수반한다. 누다 스크립투라는 솔로 스크립투라와 마찬가지로 성경 이외의 다

    잠시 고린도전서 13장으로 가보자. 사도 바울은 "믿음, 소망, 사랑, 이 세 가지는 항상 있을 것인데, 그 가운데서 으뜸은 사랑입니다"라고 말한다(13:13). 믿음, 소망, 사랑은 교회에서 그리고 성도들의 삶에서 역사해야 할 중요한 요소들이다. 이들 중에 그 무엇 하나도 소홀히 여겨져서는 안 된다. 그러나 이들 중에도 우선순위가 있다. 그 우선순위의 상위(μείζων … τούτων)에 사랑이 위치한다. 사랑을 상위에 위치시킨다고 해서, 혹은 최고의 가치로 여긴다고 해서 믿음과 소망이 무가치해지지 않는다. 믿음과 소망은 여전히 중요한 가치를 지닌다. 단지 사랑에 종속될 뿐이다. 바울이 사랑장에서 외쳤던 내용은 **솔라 아가페**였지 **솔로 아가페나 누다 아가페**가 아니었다. 솔라 스크립투라도 성경 이외의 타당한 권위들을 무시하지 않는다. 대신 성경으로 하여금 다른 권위들을 통제하고 규제할 수 있도록 권위의 왕좌를 성경에게 내어준다. 왕이 있다고 해서 공작, 후작, 백작, 자작, 남작의 권위가 없어지지 않는다. 그들의 권위는 여전히 존재한다. 다만 왕의 권위에 종속되어 통제를 받을 뿐이다.

    솔라 스크립투라의 권위를 미국의 법원 구조에 빗대어 설명하는 케빈 J. 밴후저(Kevin J. Vanhoozer)의 접근은 솔라 스크립투라와 솔

른 권위들(특히 교회의 역사와 전통)은 본문의 의미를 결정하는 데 권위가 없다는 관점을 취한다. Matthew Barrett, *God's Word Alone: The Authority of Scripture. What the Reformers Taught and Why It Still Matters* (Grand Rapids, MI: Zondervan, 2016), 34, 54-55, 345-45; 39; Van den Belt, "Sola Scriptura," 204-26.

로/누다 스크립투라의 차이를 쉽게 이해하는 데 도움을 준다.[8] 밴후저는 성경의 권위가 미국의 최종 항소 법원의 권위와 비슷하고 나머지 권위들은 최종 항소 법원 아래에 있는 법원들의 권위와 비슷하다고 말한다. 우리 문화에 맞춰 표현하자면 심급제도(審級制度)에 따라 제3심 판결을 관장하는 구조와 비슷하다고 말할 수 있겠다. 우리가 알다시피 대법원은 2심 판결에 정확한 법리 해석과 적용이 이루어졌는지를 파악해 2심 판결의 유효성을 결정한다. 만약 해석과 적용에 문제가 없었다고 판결되면 2심의 판결이 확정된다. 만약 문제가 발견되면 판결이 파기 환송되어 재판이 다시 열린다. 대한민국 헌법이 최종심을 대법원의 관할로 선언하고 있기 때문이다. 대법원이 있다고 해서 지방법원과 고등법원의 권위가 무효화 되지 않는다. 각 법원들은 각각의 위치에서 각각의 역할을 감당한다. 단, 대법원은 사법부의 최고 기관으로 법의 구체적인 해석과 적용을 최종적으로 관장할 뿐이다. 성경의 권위를 최종 항소 법원의 권위에 비유한 밴후저는 다음과 같은 경종을 울린다. "다시 말하지만, 솔라 스크립투라에 사용된 솔라의 뜻은 '권위의 유일한 원천'(only source of authority)이 아니라 '유일한 최종적 권위'(only final authority)라는 뜻이다."[9]

---

8   Kevin J. Vanhoozer, "Sola Scriptura Means Scripture First! A 'Mere Protestant' Dogmatic Account (and Response)," in *Sola Scriptura Biblical and Theological Perspectives on Scripture, Authority, and Hermeneutics* (ed. Hans Burger, Arnold Huijgen and Eric Peels; Leiden, Brill: 2018), 335–58 (348).

9   Vanhoozer, "Sola Scriptura Means Scripture First!," 348.

솔라 스크립투라 정신

솔라 스크립투라를 "유일한 권위"로 이해하지 않고 "최종적 권위," "으뜸가는 권위," "가장 중요한 권위," 그리고 "최고의 권위"로 이해하는 해석은 두 가지 중요한 행동강령을 제시한다.

첫째, 성경이 아닌 다른 타당한 권위에 의해 결정된 판결이 성경의 해석과 적용에 위배될 경우 우리는 성경의 권위를 통해 그 판결을 뒤엎을 수 있다.

둘째, 성경이 아닌 다른 타당한 권위에 의해 결정된 판결이 성경의 해석과 적용에 위배되지 않을 경우 우리는 성경의 권위를 근거로 그 판결을 수용할 수 있다.

우리는 성경을 하나님의 유일무이한 특별계시로 믿는다. 그렇기에 솔라 스크립투라 정신을 수용한다. 그러나 우리가 따르는 솔라 스크립투라 정신은 성경을 제외한 모든 권위들을 무용지물로 여기지 않는다. 대신 오직 성경만이 우리 해석의, 우리 신학의, 그리고 우리 신앙의 "최종적 권위," "으뜸가는 권위," "가장 중요한 권위," 그리고 "최고의 권위"라는 기준으로, 성경 이외의 타당한 권위들을 인정하고 그것들과 소통한다. 따라서 성경이 다른 권위들의 판결을 인정하거나 파기할 수 있는 최고의 권위라는 사실을 인정하며 진행하는 역사·초월적 성경 읽기 방식은 솔라 스크립투라 정신을 존중하고 반영한다.

　이런 사유는 또 다른 질문을 낳는다. "성경이 최종적 권위라면, 성경 이외의 또 다른 권위, 즉 우리가 사용할 수 있는 성경 이외의 타당한 권위는 무엇입니까?" 우리가 추구하는 역사·초월적 성경 읽기 방식을 이해하려면 반드시 이 질문에 답해야 한다. 지금부터 웨슬리안 사변형(Wesleyan Quadrilateral)을 통해 이 질문의 답을 찾아보자.

웨슬리안 사변형

사변형의 유익성

　이민 목회를 하다 보면 여러 가지 어려움을 만나게 된다. 특히 한인 교회가 거의 없는 미국의 외곽 지역에서 이루어지는 목회는 어려움을 배가시킨다. 예컨대 주변에 선택할 수 있는 한인 교회들이 많이 없다보니 각양각색의 신앙을 소유한 사람들이 한 교회로 모인다. 그리고 자신과 비슷한 신앙을 소유한 사람들끼리 뭉쳐 파벌을 만든다. 무지개 칠색이 서로 공존하며 아름다운 조화를 이루듯, 파벌들이 서로 공존하며 건설적인 조화를 이룬다면 얼마나 좋을까? 그러나 내 경험에 의하면 대개 조화보다는 분쟁이 일어난다. 그들에게는 질서가 필요하다. 서로를 이해할 수 있는 개념이 필요하다. 무엇보다 서로 싸우지 않고 하나로 뭉치게 하는 강력한 힘이 필요하다. 그 힘은 "성경," "예수님," "사랑"과 같은 용어를 외친다고 형성되지 않는다. 부흥회나 특별 사경회를 한다고 형성되지 않는다. 그들에게는 형이상학적 슬로건이 아니라 현실적인 체계가 필요하다. 나는 그 체계를 구축하는 첫 단계로 **웨슬리안 사변형**(Wesleyan Quadrilateral)을 소개했다.[10] 곧 살펴보겠지만 사변형은 성도가 본인의 신앙색을 발견하고, 그 색이 타인의 색과 다른 이유를 볼 수 있도록 돕는다. 마치 신앙의 MBTI 역할을 하는 셈이다.

미리 말하면, 나는 감리교인이 아니다. 또한 웨슬리의 신학이 완벽하다고 생각하지도 않는다. 그럼에도 성도들에게 웨슬리안 사변형을 소개한 이유는 그들이 본인과 타인의 차이가 어디에서 오는지 분석해야 한다고 판단했기 때문이다. 사변형을 언급한 이유는 더 있다. 첫째, 감리교의 위대한 전통이다. 둘째, 성경이 다른 타당한 권위들과 어떻게 상호작용을 하는지 이해할 수 있는 틀을 제공한다. 셋째, 성경의 초월성과 역사성을 고려하며 성경 해석을 시도하는 자들에게 큰 도움이 된다. 넷째, 감리교에 국한된 장치가 아니라 복음주의 진영에서도 긍정적으로 수용되는 개념이다. 지금부터 사변형을 목회자의 언어로 풀어보도록 하겠다.

---

10 Don Thorsen, *The Wesleyan Quadrilateral: Scripture, Tradition, Reason, and Experience as a Model of Evangelical Theology* (Grand Rapids: Zondervan, 1990); Graham McFarlane, *A Model for Evangelical Theology: Integrating Scripture, Tradition, Reason, Experience, and Community* (Grand Rapids, MI: Baker Academic, 2020); Timothy T. N. Lim, *Multilateral Theology: A Twenty-First-Century Theological Methodology* (New York, NY: Routledge, 2021)를 참고하라.

사변형의 네 요소

웨슬리안 사변형은 네 개의 중요한 권위들이 성도의 신학과 신앙을 형성하는 요소로 작용한다고 본다. 그 권위들은 곧 **성경, 경험, 이성, 전통**이다.[11] 각각의 권위들은 동일하게 중요하지만, 이들 사이의 관계를 어떻게 배열하는지에 따라 개인의 신학이 형성되고 신앙 색이 결정된다. 결론부터 말하자면, **사변형은 성도들에게 성경을 모든 권위들 위에 위치시킴으로, 성경으로 모든 권위들을 통제할 것을 요구한다.**[12] "성경, 경험, 전통, 이성, 이 네 가지는 항상 있을 것인데, 그 가운데서 으뜸은 성경입니다!"

놀랍게도 사변형 정신은 솔라 스크립투라 정신과 맥을 같이한다. 종교 개혁자들이 솔라 스크립투라 정신을 따랐음에도 불구하고 경험, 전통, 이성을 적절히 이용했던 이유가 바로 이 때문이다. 예컨대 칼빈은 경험을 지혜의 통로로 이해하여 체험의 유익함(*experien tia docet*)을 지지했다. 그리고 교회의 전통에 의지하여 특정 논증을 발전시키거나 변증하기도 했다. 루터도 보름스회의에서 이성(과 양심)의 중요성을 언급했고, 멜랑히톤도 아우크스부르크 신앙고백을 통해 전통과 경험의 유익성을 명시했다. 그러므로 루터와 칼빈을 포함한 종교 개혁자들이 "오직 성경에만 근거하여 본인들의 신앙, 가

11　웨슬리안 사변형과 비슷한 개념으로 **에피스코팔 삼발의자**(The Episcopal Three-Legged Stool)가 있다. 이는 사변형과는 달리 이성과 경험을 통합한다.

12　Don Thorsen, *Calvin Vs. Wesley: Bringing Belief in Line with Practice* (Nashville: Abingdon, 2013), 26–28; idem, "Sola Scriptura and the Wesleyan Quadrilateral," 8을 보라.

치, 그리고 관습을 발전시켰다고 이해하는 것은 순진한 생각이다."[13] 종교 개혁자들은 솔라 스크립투라 정신에 입각하여 성경, 경험, 전통, 이성 사이에 질서를 세웠다. 성경이 나머지 타당한 권위들을 통제할 수 있도록 성경에게 "최종적 권위," "으뜸가는 권위," "가장 중요한 권위," 그리고 "최고의 권위"를 부여했다. 이와 같은 솔라 스크립투라 정신의 연장선 위에 사변형이 있다. 사변형은 솔라 스크립투라보다 성경, 경험, 이성, 전통 사이에 있는 질서를 구체적으로 명시할 뿐이다.[14] 지금부터 그 질서를 알아보자.

경험 중심의 구조

누군가 **경험**을 가장 높은 자리에 앉혔다고 가정해 보자. 경험 중심의 구조는 경험으로 나머지 세 권위들(전통, 이성, 성경)을 판단하고 조절할 것을 요구한다. 그 사람은 경험으로 성경까지 통제하는 행위를 반복하다가 결국 **극단적 신비주의 유형의 종교인**이 될 수 있다.

---

13   Thorsen, *Calvin Vs. Wesley*, 23.

14   물론 종교 개혁자들과 웨슬리 사이에는 서로 다른 관점들이 분명히 존재한다. 그러나 이들이 성경, 경험, 전통, 이성 사이에 세운 질서를 거시적인 관점으로 조명한다면, 웨슬리의 사변형은 성경을 모든 권위들 중에 최고의 권위로 두는 솔라 스크립투라의 정신을 구체적으로 설명하는 장치로 볼 수 있다. Thorsen의 설명을 들어보자: "기독교는 성경적, 교리적, 명제적 종교 그 이상의 것이다. 기독교는 성령으로 채워져 있고, 관계적이며 역동적이다. … [그러므로] 웨슬리는 칼빈이 강조하는 솔라 스크립투라의 정신에 반대하지는 않았겠지만, '솔라 스크립투라'라는 표현이 기독교 신앙과 가치의 복잡성을 다루는 데, 특히 사람들을 매일 괴롭히는 현실적인 문제들을 다루는 데 구체적이지 않다고 생각했을 것이다." idem, *Calvin Vs. Wesley*, 27.

나는 목회를 하면서 이런 유형의 성도들을 적지 않게 만났다. 개 중에는 하루에 세 번씩 천국에 방문하는 사람, 한 달에 한 번씩 지옥에 방문하는 사람, 수시로 타인의 영적 상태를 꿰뚫어 보는 사람, 필요할 때마다 천사와 대화를 하는 사람 등이 있었다. 이들 대부분은 설교와 성경 공부를 멀리하고 신비스런 체험을 위한 기도(특히 방언기도)에 매진했다. 왜 이들은 설교와 성경 공부를 멀리할까? 경험을 신앙의 최고 권위로 둔 이들은 체험과 사뭇 동떨어진 설교나 성경 공부에 흥미를 느끼지 못하기 때문이다. 물론 이들은 본인들이 경험을 성경 위에 두었다고 시인하지는 않는다. 하지만 이들의 행동은 전혀 다른 말을 한다.

경험이 성경과 적대관계에 있다는 의미가 아니다. 경험은 중요한 권위이다.[15] 경험을 통해 얻을 수 있는 유익은 참 많다. 칼빈도 경험을 지혜의 통로로 여겨 체험의 유익함을 지지하지 않았던가? 신비함을 경험하려는 열망은 결코 나쁜 자세가 아니다. 기독교는 신비한 종교이고, 기독교에 존재하는 신비함은 그 어떤 종교의 신비함과 비교할 수 없을 정도로 경이롭다. 또한 성경은 우리를 그 신비속으로 초대한다. 하지만 성경과 경험의 관계에서 주객전도 현상이

---

15   웨슬리도 경험의 중요성을 무시하지 않았다. 그는 기독교를 가리켜 "실험적 종교"라고 말했고, 경험과 기독교의 불가분성에 대해서 인지하고 있었다. 하지만 경험이 남용되어 성경 위에 올라설 경우 찾아오는 위험성도 알고 있었다. John Wesley, *Sermons, on Several Occasions* (Oak Harbor, WA: Logos, 1999), Preface 6와 Thorsen, "*Prima Gratia, Prima Fide*, and *Prima Scriptura*," 213을 보라.

일어나는 순간, 신학은 일그러지고, 신앙도 뒤틀어진다. 성경과 경험은 적대관계가 아니라 공생관계이다. 그러나 그 관계 속에 질서가 있다. **성경은 경험을 해석하고, 경험은 성경을 확증한다.** 극단주의 신비주의 유형의 종교인은 이 순서를 뒤틀어 경험으로 성경을 해석하고, 성경으로 경험을 확증한다. 그렇게 본인은 점점 병들어간다.

나는 위에 언급한 유형의 성도들이 체험했다고 주장하는 현상들이 모두 거짓이라고 생각하지 않는다. 개중에는 과장된 부분도 있겠지만, 개중에는 진실이 담겨 있을 수 있다. 이런 성도들을 만날 때마다 나는 사랑의 마음으로 요한일서 4:1을 나눈다.

> 사랑하는 여러분, 어느 영이든지 다 믿지 말고 그 영들이 하나님에게서 났는가를 시험하여 보십시오. (요일 4:1)

본문은 진리와 비진리를 판단하는 데 분별력이 필요함을 가정한다. 성도들에게 영향을 주는 영들 중에는 하나님으로부터 오는 선한 영들만 있지 않고, 또 다른 존재로부터 오는 악한 영들도 있다. 체험도 마찬가지다. 우리가 경험하는 신비한 체험들이 모두 하나님으로부터 왔다고 가정할 수 있을까? "사탄도 빛의 천사로 가장"할 수 있다(고후 11:14). 마귀도 예수님께 "성전 꼭대기에" 올라가는 체험과 "매우 높은 산"에서 "세상의 모든 나라와 그 영광을 보여주"는 체험을 선사했다(마 4:5, 8). 마귀의 수하에 있는 거짓 예언자도 "기이한 일들을 행"함으로 사람들을 "미혹시"킬 수 있다(계 19:20). 그래서 요한은 외쳤다. "사랑하는 여러분, 어느 영이든지 다 믿지 말고 그 영들이 하나님에게서 났는가를 시험하여 보십시오"(요일 4:1).

토요일 새벽설교를 마친 후, 사무실에서 주일설교를 준비하던 어느 날이었다. 가끔씩 마약을 복용하던 고등부 아이가 사무실로 헐레벌떡 뛰어왔다. 아이의 얼굴은 창백했고, 온몸에는 식은 땀이 흐르고 있었다. 아이는 떨리는 목소리로 내게 말했다. "하나님께서 꿈을 통해 앞으로 일어날 일을 보여주셨어요. 그리고 나에게 할 일을 맡기셨어요. 그 일을 행하기 전에 목사님께 조언을 구하러 왔어요." 나는 아이를 자리에 앉힌 후 음료수를 건넸다. 그리고 아이를 진정시키며 이야기를 해 보라고 권했다. 아이는 입을 열었다. "우리 옆집에 테러리스트가 산대요. 그가 2013년 O월 O일에 달라스로 가는 비행기를 폭파한대요. 그래서 그 전에 그를 총으로 제거해야 해요." 아이는 꿈이 하나님으로부터 왔다고 굳게 믿고 있었다. 나도 아이가 위에 언급한 꿈을 꾸었다는 사실을 믿어 의심하지 않았다. 단, 그 꿈이 하나님으로부터 왔다는 부분은 검증이 필요하다고 판단했다. 그래서 꿈은 하나님으로부터만 오지 않고 다른 곳에서도 올 수 있다는 가능성을 이야기 했다. 아이의 꿈이 마귀로부터 왔다는 의미가 아니다. 꿈의 기원을 하나님과 마귀로 이분하는 논리는 타당하지 않다. 하나님과 마귀의 개입이 아니더라도 우리는 무의식을 통해 꿈을 꿀 수 있다. 나는 아이에게 꿈의 기원을 추정할 수 있는 세 개의 경우의 수들(하나님, 마귀, 무의식)을 말해주었고, 앞서 독자들과 나눴던 성경 구절들을 아이와 함께 나누었다. 그리고 아이의 꿈이 하나님으로부터 온 것이 아닐 가능성이 매우 높다는 점도 이야기 했다. 감사하게도 아이는 안정을 찾았고, 잠시 후 집으로 돌아갔다. 그렇게 몇 주가 지났고, 2013년 O월 O일이 왔다. 달라스행 비행기는 모두 무사했고, 아이의 이웃도 아무일 없이 하루를 넘겼다.

아이가 교회 사무실을 방문하기 전까지 가지고 있었던 생각은 아래와 같이 요약할 수 있다.

> 대전제: 모든 꿈은 하나님으로부터 온다.
> 소전제: 나는 한 이웃을 제거해야 한다는 메시지가 담긴 꿈을 꾸었다.
> 결론: 그러므로 나는 그 이웃을 제거해야 한다.

본 논증은 형식적인 오류가 없기 때문에 타당한 논증으로 분류되어 참이라고 말할 수 있다. 그러나 신학은 논증의 타당성만 논하지 않는다. 건전성까지 따진다. 건전성을 따지는 작업이란 타당한 논증에 사용된 전제가 참인지 거짓인지를 밝혀내는 일이다. 그렇다면 아이의 논증은 건전한가? 아니다. "모든 꿈은 하나님으로부터 온다"는 대전제가 틀렸다. 잘못된 대전제를 포함한 논증은 결국 "그러므로 나는 그 이웃을 제거해야 한다"는 잘못된 결론을 냈다. 이번에는 교회 사무실을 떠난 아이의 생각을 요약해 보자.

> 대전제: 꿈은 하나님으로부터만 오지 않고 다른 원인들(마귀나 무의식)
> 을 통해서도 올 수 있다.

소전제: 나는 한 이웃을 제거해야 한다는 메시지가 담긴 꿈을 꾸었다.

결론: 그러므로 나는 그 꿈을 분별해야 한다.

본 논증에는 형식적인 오류가 없으므로 타당한 논증으로 분류된다. 아울러 논증에 사용된 대전제가 참이기 때문에 건전하기까지 하다. 그렇다면 무엇으로 꿈을 분별해야 하는가? 신앙의 유일한 최종적 권위인 성경이다.

이성 중심의 구조

이성이 성경 위에 놓일 때, 그래서 성경이 이성 아래 종속될 때, 누군가는 성경이 증거하는 기적들을 무조건 배척하는 **극단적 합리주의 유형의 종교인**이 될 수 있다. "이성적으로 성경에 접근한다"는 의미와 "성경을 이성 아래 종속시킨다"는 의미는 다르다. 예컨대 성경 구절을 바르게 풀기 위해 문학 장치들을 고려하고 문맥의 흐름을 파악하는 일은 권장할 만한 이성적 접근이다. 반면에 성경에 등장하는 기적들을 이치에 맞지 않는다는 이유로, 관찰되지 않는다는 이유로, 믿기 어렵다는 이유로 무작정 배척하는 일은 성경을 이성 아래 종속시키는 행동이다.

성경에 믿기 어려운 이야기가 많이 등장하는 것은 사실이다. 어떻게 홍해가 갈라지나? 어떻게 불기둥과 구름기둥이 사람들을 인도할 수 있나? 어떻게 반석에서 물이 터져 나오나? 어떻게 해와 달이 운행을 멈출 수 있나? 어떻게 나뭇가지를 베어 물에 던지니 물에 빠졌던 도끼가 떠오를 수 있나? 극단적 합리주의 유형의 종교인들은 이런 사건을 믿지 않는다. 때로는 비웃기도 하고, 때로는 조롱하기도 한다. 내 지인들 중에도 비슷한 유형의 신앙인들이 있는데, 이들은 성경에 등장하는 기적들을 전혀 수용하지 않고 윤리적으로 덕스러운 내용들만 취한다.

하지만 우리가 놓치지 말아야 할 부분이 있다. 성경은 기적의 현상만 말하지 않고, 그 배후에 있는 직접적 주체가 누구인지도 밝힌다는 점이다. 그 주체는 일개의 인간이 아니라 살아 계신 하나님이다. 성경이 증거하는 하나님은 존재하시는 실존자요, 모든 것에 능하신 전능자요, 인간사에 개입하시는 계시자이다. 이런 하나님이시기에 홍해를 가르시고, 불기둥과 구름기둥을 주관하시며, 해와 달의 운행을 멈추실 수 있었다.[16] 만약 우리가 하나님의 존재성, 존재하시는 하나님의 전능성, 전능하신 하나님의 계시성을 믿는다면 기적을 믿는 데 걸림돌로 작용하는 장애물을 넘을 수 있다. 성경은 우리에게 이와 같은 하나님의 성품을 증거함으로 성경에 등장하는 기적의 근원을 밝히고, 그 근원을 믿음으로 수용함으로, 이성을 성경으로 통제할 것을 촉구한다. 결국 믿음이 기적과 이성 사이에 일어나는

---

16 성경이 기술하는 기적을 모두 문자적으로 믿어야 한다는 의미는 아니다. 기적들 중에는 문자적으로 수용할 수 있는 부분과 문학적으로 이해해야 하는 부분이 있다. 이 둘을 구분하는 일은 중요하다. 예컨대 여호수아 10장에 등장하는 태양과 달을 멈추는 이야기는 여호수아가 적군들의 수호신인 태양신과 달신의 능력을 무기력하게 만들었다는 독법으로도 이해될 수도 있다. Ernst Axel Knauf, *Josua* (ZB 6; Zürich: Theologischer, 2008), 98-100.

충돌을 제거하거나 적어도 완화시킬 수 있는 요소가 된다.

삼위일체 교리도 마찬가지다. 삼위일체는 인간의 이성을 초월하는 개념이기에 이를 온전히 이해할 수 있는 사람은 없다. 하지만 삼위일체 교리가 인간의 이성을 초월한다고 해서 모순적이라고 주장할 수 없다. 피터 크리프트(Peter Kreeft)의 견해를 들어보자.

> 삼위일체 교리는 인간의 이성을 초월하지만 이성과 모순되지는 않는다. 만약 삼위일체 교리가 하나님께 하나의 체가 있고 세 개의 위가 있다고 계시하지 않고, 하나의 체와 세 개의 체가 있다거나 혹은 하나의 위와 세 개의 위가 있다고 계시했다면 말도 안 되는 자가당착의 모순이었을 것이다. 그러나 삼위일체를 계시했기 때문에 이성과 조화를 이룸과 동시에 이성을 초월한다. 하나님의 말씀은 이성을 초월하지만 조화를 이루기도 한다.[17]

크리프트의 분석처럼 성경은 일위삼위나 일체삼체가 아닌 삼위일체의 하나님을 계시한다. 삼위일체 개념은 이성을 초월하지만 이성과 모순되지 않는다는 의미이다.

D. A. 카슨(Carson)이 자주 언급하는 일화 중 그가 이슬람 신학자와 나눴던 대화가 있다.[18] 카슨이 화학과 수학을 전공하던 중에 이슬

---

17 Peter Kreeft, *Catholic Christianity: A Complete Catechism of Catholic Beliefs Based on the Catechism of the Catholic Church* (San Francisco, CA: Ignatius, 2011), 52.

18 D. A. Carson, *The God Who Is There: Finding Your Place in God's Story* (Grand

람 신학자로부터 "하나의 컵 더하기 하나의 컵은 몇 개의 컵이냐?"
는 질문을 받았다. 카슨은 두 개의 컵이라고 답했다. 그러자 이슬람
신학자는 "두 개의 컵 더하기 하나의 컵은 몇 개의 컵이냐?"는 질문
을 물었다. 카슨은 세 개의 컵이라고 답했다. 상대방은 "세 개의 컵
에서 하나의 컵을 빼면 몇 개의 컵이 남느냐?"고 다시 물었다. 카슨
은 두 개의 컵이라고 답했다. 그러자 이슬람 신학자는 정말 묻고 싶
었던 질문을 던졌다. "당신은 성부가 하나님이라고 믿나요? 당신은
예수가 하나님이라고 믿나요? 당신은 성령이 하나님이라고 믿나
요?" 모든 질문에 "그렇다"고 대답한 카슨에게 그는 다시 물었다.
"한 명의 하나님 더하기 또 한 명의 하나님, 그리고 여기에 또 한 명
의 하나님을 더한다면 몇 명의 하나님들이 있나요?" 그는 카슨으로
부터 "세 명의 하나님들"이라는 답을 듣길 기대했다. 하지만 카슨은
전혀 다른 답을 제시했다. "무한대 더하기 무한대 더하기 무한대는
뭘까요? [무한대들이 아니라] 무한대입니다. 저는 한 분의 무한하신
하나님을 섬깁니다." 신학 개념을 수학 모델에 빗대어 질문했던 상
대방에게 카슨 역시 수학의 한 분야인 무한대 개념을 통해 답했던
것이다.

성경에는 초월적인 이야기가 많이 등장한다. 일부 기독교인들은
그런 이야기를 실제의 사건으로 믿는 일은 이성적으로 부끄럽고 미
련한 일이라고 생각한다. 그러나 성경은 일개의 인간이 기적을 일
으켰다고 주장하지 않는다. 대신 기적의 직접적 주체를 전능하신

Rapids, MI: Baker Books, 2010), 117-18.

하나님이라고 계시한다. 아울러 삼위일체의 신비도 인간이 존재할 수 있는 상태가 아니라 초월적인 하나님께서 존재하시는 상태라고 말한다. 우리는 종종 초(超)이성적인 것과 반(反)이성적인 것을 구분하지 않고 전자와 후자를 동일시할 때가 있다. 하지만 둘은 엄연히 다르다. 초이성적 사건이라 함은 이성과 충돌을 일으키지 않는 그리고 이성을 뛰어넘는 사건을 의미한다.[19] 비이성적 사건이라 함은 이성과 충돌을 일으키는, 그리고 이성과 모순을 일으키는 사건을 의미한다. 성경에 등장하는 기적은 초이성적 사건이고, 삼위일체는 초이성적 개념이다. 결국 성경이 이성과 충돌한다고 보이는 부분은 이성이 아니라 믿음의 문제일 가능성이 높다.

전통 중심의 구조[20]

전통이 성경 위에 놓일 때, 그래서 성경이 전통 아래 종속될 때, 누군가는 반(反)성경적인 제도나 풍습까지 허용하는 **극단적 수구주의 유형의 종교인**이 될 수 있다. 성경에 위배되지 않는 전통이라면 충분히 수용할 수 있다. 그리고 성경을 이해하는 데 도움이 되는 전통이라면 존중해도 문제가 되지 않는다. 종교 개혁자들도 교부들의 글을 종종 언급하며 초대교회의 전통을 존중하는 모습을 보였다. 그들이 교부들의 전통을 존중했던 이유는 초대교회 전통이 성경을 더

---

19 Roy B. Zuck, "The Role of the Holy Spirit in Hermeneutics," *BibSac* 141 (1984): 120-30 (127)을 참고하라.

20 웨슬리안 사변형을 구성하는 전통은 주로 기독교 전통을 의미한다. 하지만 이 책에서는 보다 광범위한 개념으로 전통을 사용한다는 점을 밝힌다.

욱 깊이 이해하는 데 도움이 된다고 판단했기 때문이다. 하지만 극단적 수구주의 유형의 종교인은 성경이 금하는 전통이라 할지라도 그것이 본인이 따르던 전통이라는 이유로 버리지 않는다. 이는 반드시 피해야 할 자세이다.

2세기 문서로 추정되는 「디오그네투스에게 보내는 서신」(Epistle to Diognetus)에는 말씀으로 비성경적인 전통과 대적하는 좋은 예가 나온다.

> [기독교인들]은 각자 자기 조국에 살면서도 마치 나그네와 같습니다. 시민으로서 모든 의무를 수행하지만, 외국인과 같이 모든 것을 참습니다. 이역(異域)을 그들의 조국처럼 생각하고 모든 조국이 그들에게는 이역과 같습니다. 여느 사람들처럼 그들도 결혼하여 아이를 가지지만, 아이를 버리지는 않습니다. 그들은 식탁은 모두 함께하지만, 잠자리를 함께하지는 않습니다.[21] (5:5-7)

본문은 초대교회 기독교인들이 세상의 비성경적 전통에 어떻게 맞섰는지를 보여준다. 첫째, 그들은 "여느 사람들처럼 … 결혼하여 아이를 가지지만, 아이를 버리지는 않"았다. 그레코-로만 시대는 남존여비 사상이 만연했기 때문에 아들의 가치가 딸보다 귀했다. 그래서 딸을 낳을 경우, 아이를 버리는 일이 암묵적으로 행해졌다. 신

---

21 서공역 역, 『디오그네투스에게: 2세기 무명 교부의 신앙 해설』 (분도출판사, 2010), 50.

약과 동시대에 기록된 자료에는 딸을 낳을 경우 아내에게 그 딸을 죽이라는 남편의 요구가 기록되어 있고,[22] 유기가 빈번히 일어나는 장소(Columna Lactaria, Spurci Lacus)가 어디인지 특정되어 있기도 하다.[23] 이와 같은 문화는 남자와 여자를 하나님의 형상으로 정의하는 성경의 가르침에 위배되는, 그래서 반드시 배격해야 하는 전통이다. 「디오그네투스에게 보내는 서신」에 언급된 기독교인들은 유기의 전통을 따르지 않았다. 대신 그 어떤 자녀라도 의지적으로 버리지 않음으로 성경적인 전통을 구현했다. 둘째, 기독교인들은 "식탁은 모두 함께하지만, 잠자리를 함께하지는 않"았다. "잠자리"로 번역된 그리스어(κοίτη)는 본문에서 성관계를 의미하는 완곡어로 쓰였다. 그레코-로만 시대는 성적으로 풍기문란한 시기였기 때문에 비성경적 정사가 빈번히 일어났다.[24] 하지만 서신에 언급된 기독교인들은 비성경적 전통에 대적하며 성경적 전통을 구현했다. 그들은 전통에 종속되지 않고 성경으로 전통을 통제했던 것이다. 이처럼 "우리의 것"을 지키고 보존하려는 자세는 귀하지만, "우리의 것"이 "하나님의 것"과 충돌될 때, 우리는 더욱 귀한 "하나님의 것"을 취해야 한다.

---

22 오비디우스, 『변신 이야기』, 9.789-937.

23 유베날리스, 『풍자시』, 6:603.

24 Marguerite Johnson and Terry Ryan, *Sexuality in Greek and Roman Society and Literature: A Sourcebook* (London: Routledge, 2005); Marilyn B. Skinner, *Sexuality in Greek and Roman Culture* (2nd ed.; AC; Chichester, UK: Wiley-Blackwell, 2014); David Wheeler-Reed, *Regulating Sex in the Roman Empire: Ideology, the Bible, and the Early Christians* (New Haven, CT: Yale University, 2017)를 참고하라.

"하나님의 것"을 취하라는 의미가 반드시 "우리의 것"을 언급조차 하지 말라는 뜻은 아니다. 개중에는 수용하지 않되 **이용**할 수 있는 것들이 있다. 이 차이를 구별하는 것은 매우 중요하다. 우리가 "우리의 것"에 종속되지 않고 적절히 활용한다면 "하나님의 것"을 보다 쉽고 직관적으로 알릴 수 있는 장점이 있기 때문이다. 성경의 저자들도 『야살의 책』(수 10:13; 삼하 1:18), 『에녹서』와 『모세승천기』(유 1:9, 14-15), 그리고 그리스 철학(아라투스[행 17:28]; 메난드로스[고전 15:33]; 에피메니데스[딛 1:12]) 전통을 이용하여 하나님의 계시를 전달했다. 성경의 저자들이 성경 밖의 전통을 사용했다는 점은 유의미하다. 위에 언급한 전통들이 하나님의 영감을 받은 전통들이었던 것일까? 아니다. 이 전통들은 저자와 일차 독자 사이에 공유되어 있던 **가정된 배경지식**이었을 뿐이다. 성경의 저자들은 일차 독자가 이미 알고 있는 전통을 사용함으로써 하나님의 말씀을 보다 쉽고 직관적으로 전달했다. 우리도 "우리의 것"을 적절히 이용해 "하나님의 것"을 전한다면 효과적인 열매를 기대할 수 있다. 두 가지 예를 들어보자.

사신 전통과 커룹 전통

　　한국인들에게 공유되어 있는 가정된 배경지식 중 하나는 민속전통이다. 혹자는 민속전통이 "귀신의 전통"이라며 기독교인들의 입에서 언급조차 되어서는 안 된다고 주장하지만 내 생각은 다르다. 한국인에게 이미 공유되어 있는 민속전통에 나타나는 요소가 성경에 나타나는 요소와 유사할 경우, 우리는 전자를 활용해 후자의 의미를 쉽고 빠르게 전달할 수 있다.

우리의 민속전통에는 청룡(靑龍), 백호(白虎), 주작(朱雀), 현무(玄武)라고 불리는 방위신이 있다. 고구려 고분벽화에 그려진 사신도(四神圖)에 따르면 현무는 북쪽 방위를, 청룡은 동쪽 방위를, 백호는 서쪽 방위를, 주작은 남쪽 방위를 주관한다. 사신(四神)은 사방의 수호신으로 여겨졌기 때문에 전쟁 시 부대의 깃발이나 포진에도 응용되었다. 좌청룡, 우백호, 전주작, 후현무가 동, 서, 남, 북 사방의 적들로부터 부대를 안전하게 지켜줄 것을 염원했던 것이다. 이러한 사신 전통은 에스겔에 등장하는 천상의 존재들인 커룹들(כרובים)[25]을 보다 쉽고 직관적으로 이해할 수 있도록 돕는다. 에스겔 1:5-6을 보자.

> [5] 그 광채 한가운데서 네 생물의 형상이 나타나는데, 그들의 모습은 사람의 형상과 같았다. [6] 얼굴이 각각 넷이요, 날개도 각각 넷이었다.
>
> (겔 1:5-6)

생물의 수가 넷이다. 얼굴도 각각 넷이고, 날개도 각각 넷이다. 숫자 "넷"이 강조되고 있음을 알 수 있다. 많은 학자들이 동의하듯 성경에 사용된 "넷"은 사방(동, 서, 남, 북)을 상징한다(사 11:12; 렘 49:36; 슥 6:5; 단 7:2). 에스겔에 등장하는 "넷"도 사방을 의미하기 위해 쓰였는데(겔 1:17; 7:2), 이는 각각 네 얼굴과 네 날개를 지닌 네 명의 커룹들도 사방과 깊이 연결되어 있음을 암시한다.

---

25 "케루빔"이라고도 한다.

커룹들이 하나님의 이동 수단인 "신적 마차"의 역할을 감당한다는 점은 커룹과 사방의 관계를 더욱 풍성히 이해할 수 있도록 돕는다(삼상 4:4; 삼하 6:2; 왕하 19:15; 대상 13:6; 28:18; 시 18:10; 80:1; 99:1). 에스겔 1장은 커룹들이 얼마나 자유자재로 이동할 수 있는지 보여준다. 이들은 몸을 돌릴 필요도 없이 앞으로 진행할 수 있고, "이쪽 저쪽으로 번개처럼 빠르게 달"릴 수 있으며, "사방 어디로 가든지 방향을 돌이키지 않고서도 앞으로 나아"갈 수 있다(겔 1:9, 12, 14, 17). 성경의 여러 구절들은 커룹들의 탁월한 이동성과 기동성을 보여주지만, 사실 그것이 쟁점이 아니다. 쟁점은 커룹들을 마차로 이용하시는 하나님의 이동성과 기동성이 탁월하다는 데 있다. 그 누구도 하나님께서 가시는 길을 막을 수 없다. 하나님께서는 언제든지 당신께서 원하시는 곳으로 가실 수 있다. 이런 이미지를 사신의 개념을 빌려 묘사하자면 청룡, 백호, 주작, 현무와 같은 방위신을 신적 마차로 부리시는 하나님께서 막힘없이 사방을 다니신다고 표현할 수 있겠다.

사신은 전쟁의 문맥에도 나타난다. 군사들은 사신을 사방의 수호신으로 믿었기 때문에 군대가 동, 서, 남, 북 어디로 가든지 사신이 지켜주기를 염원했다. 이는 하나님의 백성들이 언약궤를 들고 전쟁터에 나갔던 이유와 흡사하다(민 10:33-36; 수 3:3-17; 삼상 4:5-9; 삼하 11:11). 출애굽기 25:18-20에 따르면 언약궤 "뚜껑"에 커룹들이 있었다.[26] 커룹들은 하나님의 이동 수단인 신적 마차의 개념으로 이해된

26　A. E. Steinmann, "Cherubim," in *Dictionary of the Old Testament: Pentateuch* (ed. T. Desmond Alexander and David W. Baker; Downers Grove, IL:

다는 점을 기억할 때, 언약궤의 동행은 마차를 타신 하나님께서 전쟁에 동행하신다는 의미를 상징적으로 수반한다. 언약궤 자체가 백성을 보호하는 것이 아니다. 언약궤의 뚜껑에 있는 커룹들이 보호해 주는 것도 아니다. 대신 언약궤 뚜껑 위에 있는 커룹들을 타시고 동, 서, 남, 북 사방으로 종횡무진 움직이시는 전능자께서 수호자요, 보호자로서 백성을 지키신다. 다시 사신의 이미지를 빌려 묘사하자면 청룡, 백호, 주작, 현무와 같은 방위신을 신적 마차로 부리시는 전능자께서 사방을 자유자재로 누비시며 당신의 백성을 지키신다고 표현할 수 있겠다.

보다시피 한국인에게 가정된 배경지식으로 존재하는 사신 전통은 커룹 전통과 유사한 부분이 많다. 그러므로 우리가 전자를 통해 후자를 설명한다면 한국인은 보다 직관적으로 성경의 가르침을 이해할 수 있겠다. 하지만 우리는 에스겔에 등장하는 커룹들이 청룡, 백호, 주작, 현무라고 주장할 수 없음을 기억해야 한다. 커룹들과 사신 사이에는 분명한 차이점도 있다. 이름도 다르고, 생김새도 다르다. 아울러 두 전통이 생성된 시대적 배경도 다르다. 무엇보다 사신 전통의 방점은 사신에게 찍히는 반면, 커룹 전통의 방점은 하나님에게 찍힌다. 따라서 사신 전통을 커룹 전통에 전이하여 커룹들을 해석하려는 시도는 명백한 시대착오적 오류다. 우리는 두 전통 사이에 존재하는 유사점[27]을 이용하여 커룹들의 특성을 쉽고 직관적으

InterVarsity, 2003), 112-13을 보라.

27 사신 중에 현무가 특히 관심을 끄는데, 다른 방위신들과는 다르게 뱀과 거북

로 설명할 수 있지만, 사신 전통을 **수용**하여 커룹 전통에 덧입힐 수는 없다. 기억하자. 솔라 스크립투라 정신은 최종적 권위인 성경으로 전통을 통제할 것을 요구한다. 이는 성경으로 전통을 분별한 후 취할 것은 신중히 취하고, 버릴 것은 과감히 버리라는 의미이다.

생사당 전통과 황제숭배 전통

우리의 민속전통에는 신약성경이 쓰였던 그레코-로만 시대의 종교 문화와 유사한 부분도 있다. 조선왕조실록을 보면 "생사당"이 등장한다. 사당이 이미 죽은 조상의 신주를 안치하던 곳이라면, 생사당은 살아있는 사람을 신처럼 모시던 장소이다.[28] 18세기 문헌 『평양속지』에 따르면, 생사당에서 예배를 받던 살아있는 "신들"이 무수히 많았는데, 김기종, 유상운, 성수웅, 윤세수, 조태채, 허적, 홍만조, 황이장 등이 대표적인 예이다. 심지어는 생사당에 본인의 초상화나 조각상을 안치해 두는 자들도 있었다. 살아있는 사람을 신처럼 모셨던 이유에 대한 여러 가지 견해가 있지만, 마을의 수호신을 섬긴다는 성황신의 개념이 혁혁한 공을 세운 이생의 사람에게 적용됐다고 보는 것이 가장 설득력 있다.

이번에는 그레코-로만 시대의 종교 전통을 살펴보자. 그레코-로만 시대는 우상들의 세상이었다. 이름을 다 나열할 수 없을 정도로

───────────────

이가 섞여 있는 모습을 지녔기 때문이다. 이와 같은 잡종성은 커룹들의 모습이 사람, 사자, 황소, 독수리로 구성되어 있다는 부분과 유사점을 지닌다.

28 이성훈, "조선 후기 생사당(生祠堂) 건립과 생사당 봉안용 초상화의 제작: 평양(平壤) 지역을 중심으로," 한국문화 90 (2020): 381-426.

많은 신들이 추앙을 받았는데, 그중에는 살아있는 사람도 포함되어 있었다. 로마제국의 황제가 가장 대표적인 예이다. 황제들은 본인의 모습을 본 떠 조각상을 만들거나, 시민들에게 그 조각상을 향해 경배를 드리도록 유도하기도 했다.[29] 이런 이유로 신약은 황제숭배 전통을 버리고 예수님께 경배할 것을 명한다.

이처럼 황제숭배 전통은 생사당 전통과 유사한 부분이 많다. 우리가 생사당 전통을 통해 그레코-로만 시대의 황제숭배 전통을 설명한다면 생사당 전통을 알고 있는 한국인은 보다 쉽게 신약성경의 세계를 이해할 수 있다. 물론 시대착오적 오류는 피해야 한다. 후대 전통에 나타난 개념을 이전 전통에 전이하여 이전 전통을 해석할 수 없다. 우리는 두 전통의 차이점을 확실히 인식하는 선상에서 유사점을 조심스레 다루어야 한다. 그리고 무엇보다 성경으로 전통을 통제한다는 솔라 스크립투라의 정신으로 생사당 전통을—아무리 "우리의 것"이라 할지라도—배격해야 함이 마땅하다.[30]

---

29 황제숭배 사상에 대해서는 Gwynaeth McIntyre, *Imperial Cult* (Leiden: Brill, 2019)를 참고하라.

30 비록 이 책에서는 (1) 성경과 이성, (2) 성경과 경험, (3) 성경과 이성의 구도만 다루었지만 사변형은 더욱 조직적으로 분석될 수 있다: (4) 성경, 이성-경험, (5) 성경, 이성-전통, (6) 성경, 경험-전통, (7) 성경, 경험-이성-전통. Thorsen, "*Prima Gratia, Prima Fide, and Prima Scriptura*," 213-15을 참고하라. 그리고 이성, 경험, 전통은 함께 섞여 작용하는 경우가 많기에 이들 사이에 지나치게 뚜렷한 경계선을 긋는 일은 위험하다. 이 책에 소개된 사변형은 논의의 시발점이지 종착역이 아니다.

화합의 시작

내가 섬겼던 목회 현장은 다양한 신앙색을 소유한 성도들이 모여 있는 공동체였다. 그래서 불화와 불일치가 자주 일어났다. 나는 웨슬리안 사변형을 소개해 줌으로써 그들이 자신과 타인의 신앙색이 다른 이유를 분석할 수 있도록 도왔다. 그리고 자신에게 부족한 부분과 타인으로부터 배울 점이 무엇인지 찾도록 인도했다. 그렇다면 우리 가운데 존재했던 불화와 불일치가 평화와 화합으로 바뀌었을까? 천만의 말씀! 여전히 갈 길이 구만리였다. 그렇다면 우리가 쏟았던 노력이 무가치했다는 뜻일까? 천만의 말씀! 성도들은 분열을 일으키기 전에 본인과 타인의 신앙색이 무엇인지 먼저 살피기 시작했고, 서로의 불일치가 어디에서부터 비롯되었는지 조사하기 시작했다. 그리고 무엇보다 솔라 스크립투라 정신을 따라 말씀으로 경험, 이성, 전통을 통제해야 한다는 부분에 합의점을 만들었다. 아직 완전한 화합을 이뤄내지는 못했지만—그래서 갈 길이 구만리나 남았지만—화합으로 가는 첫 걸음을 디뎠던 것이다. "시작이 반"이라면 장족의 발전이 아닐 수 없다!

우리의 자세

정리해 보자. 성경의 독자를 일차 독자와 이차 독자로 나누고, 성경에 사용된 배경지식을 가정된 배경지식과 숨겨진 배경지식으로 나누며, 성경에 명시되지 않는 배경지식을 사용해 성경의 의미를 찾는 역사·초월적 방법은 반(反) 솔라 스크립투라적이 아니다. 성경으로 경험, 이성, 전통을 통제하며 위에 언급한 작업을 진행하는 방법은 친(親) 솔라 스크립투라적으로 봐야 한다. 결국 역사·초월적인 방법은 성경의 양면성을 존중하는 타당하고 건전한 방법이라고 볼 수 있다. 그러므로 우리는 한 손에는 성경의 초월성을 들어야 한다. 다른 한 손에는 성경의 역사성을 들어야 한다. 머리로는 차갑게 공부하고, 마음으로는 뜨겁게 기도하며, 두 발로 부지런히 성경에 다가가야 한다. 그것이 솔라 스크립투라의 정신을 존중하는 구도자들의 마땅한 모습이다.

다음 장으로

제1-2장에 소개된 여러 가지 개념들은 지난 200년간 해석학 진영에서 사용된 모델들—저자 중심의 접근법, 텍스트 중심의 접근법, 청중 중심의 접근법, 절충형 접근법—을 소개하기 위한 서론이었다. 나는 대중적인 표현들로 1-2장을 풀어냄으로써 되도록 평이하게 서술하려고 노력하였다. 그 이유는 독자들이 다양한 해석학 모델들에 노출될 때 발생할지도 모르는 진입장벽을 최대한 낮추기 위함이었다. 이제 우리는 제3장으로 넘어가 지금까지 소개된 개념들을 해석학의 언어로 재정의하고, 위에 언급한 모델들을 개략적으로 고찰할 것이다. 과연 이 모델들이 우리가 추구하는 역사·초월적 성경 해석에 도움을 줄 수 있을까? 아니면 또 다른 접근법이 필요할까? 기대하는 마음으로 책장을 넘겨보자.

제3장

해석의 방법들

"나는 하나님께서 일차 독자에게 말씀하셨듯이 이차 독자에게
도 말씀하신다고 믿는다. 그러나 일차 독자가 말씀을 이해하는 방
식과 이차 독자가 말씀을 이해하는 방식에는 분명한 차이가 있다.
시간, 공간, 문화, 언어의 공백들로 인해 서로 멀리 떨어져 있는 두
독자는 서로 다른 방법을 통해 말씀에 다가가야 한다. 혹시 의사소
통 모형이 건설적인 방향을 제시해 줄 수 있을까?"

세 가지 접근법

해석학 진영의 흐름

지난 200년 동안 해석학 진영에서 제시된 세 가지 주요 방법론은 저자 중심의(Author-centered) 접근법, 텍스트 중심의(Text-centered) 접근법, 청중 중심의(Audience-centered) 접근법이다.[1] 이 방법론들은 비종교 텍스트뿐만 아니라 종교 텍스트에도 적용되기 때문에 서로의 차이점을 알아보는 작업은 성경의 이차 독자들에게 도움이 된다.

저자 중심의 접근법

저자 중심의 접근법은 19세기에 발전한 해석학 모형으로 프리드리히 슐라이어마허(Friedrich Schleiermacher)와 빌헬름 딜타이(Wilhelm Dilthey)에 의해 널리 확산되었다.[2] 이 모형은 '저자보다 텍스트의 의미를 더 잘 이해할 수 있는 사람은 없다'는 명제하에 저자의 눈으로 텍스트를 해석하려 한다. 지지자들은 이 목적을 달성하기 위해 저

---

1   혹자는 사상 중심의 접근법(Idea-centered approaches)을 포함해 네 가지 접근법들로 분류하기도 하는데, 사상 중심의 접근법은 청중 중심의 접근법의 하위 구조에 속한 모형으로 이해하는 것이 더 적합하다. 본서는 텍스트를 대하는 방법론을 세 가지로 분류하였다.

2   Friedrich Schleiermacher, *Hermeneutics and Criticism and Other Writings* (trans. and ed. Andrew Bowie; CTHP; Cambridge: Cambridge University, 1998)와 Wilhelm Dilthey, *Hermeneutics and the Study of History* (ed. Rudolf A. Makkreel and Frithjof Rodi; WDSW 4; Princeton: Princeton University, 1996)를 보라.

자의 글쓰기에 영향을 끼칠 수 있었을 법한 역사적 요소들(사회, 정치, 종교, 문화, 사상, 사건, 제도)을 구축하고, 이를 통해 저자의 의도를 찾는 데 힘을 기울인다. 그러므로 저자 중심의 접근법은 텍스트가 기원된 저자의 세계 속―"텍스트 뒤에 있는 세계(the world *behind* the text)"―에서 텍스트의 의미를 찾는 방법으로 요약될 수 있다. 이육사(1904-1944)의 「광야」(曠野)를 예로 들어보자.

> 까마득한 날에
> 하늘이 처음 열리고
> 어데 닭 우는 소리 들렸으랴
>
> 모든 산맥들이
> 바다를 연모해 휘달릴 때도
> 차마 이곳을 범(犯)하던 못하였으리라
>
> 끊임없는 광음(光陰)을
> 부지런한 계절이 피어선 지고
> 큰 강물이 비로소 길을 열었다
>
> 지금 눈 내리고
> 매화 향기 홀로 아득하니
> 내 여기 가난한 노래의 씨를 뿌려라.

다시 천고(千古)의 뒤에

백마 타고 오는 초인(超人)이 있어

이 광야에서 목놓아 부르게 하리라

저자 중심의 접근법을 따르는 지지자들은 이육사의 의도를 파악하기 위해 「광야」 뒤편에 있는 세계, 곧 이육사의 세계에서 저자의 작시(作詩)에 영향을 끼칠 수 있었을 법한 요소들을 재건한다. 이육사는 일제강점기(1910-1945)를 거쳤던 사람이라는 점, 독립운동단체 의열단의 구성원이었다는 점, 죽음으로써 일제에 끝까지 항거한 애국자였다는 점, 그리고 붓과 먹물로 일제에 투항한 저항 시인이었다는 점 등이 대표적인 요소들이다. 지지자들은 이런 요소들을 해석의 렌즈 삼아 「광야」를 분석한다. 그 결과 4-5연에 등장하는 혹독한 이미지("눈," "가난," "광야")는 일제강점기 치하에서 고통받고 있는 민족의 비운을 상징하고, 4연에 등장하는 지조와 절개의 이미지("매화," "홀로")는 일제에 굽히지 않겠다는 강한 의지를 상징하며, 5연에 등장하는 희망의 이미지("백마를 타고 오는 초인")는 일제강점기를 몰아내고 민족을 자유롭게 할 구원자의 도래를 상징한다는 해석이 탄생한다. 이처럼 저자 중심의 접근법은 텍스트 너머의 세계에 있는 저자의 의도를 통해 텍스트의 의미를 찾는 해석법이다.

텍스트 중심의 접근법

텍스트 중심의 접근법은 신비평(New Criticism)가 윌리엄 K. 윔셋

(William K. Wimsatt)과 먼로 C. 비어슬리(Monroe C. Beardsley)를 통해 발전한 해석학 모형이다.[3] 20세기 초반에 확산된 이 모형은 텍스트의 외재 요소가 아닌 내재 요소에 초점을 맞춘다. 지지자들은 텍스트의 저자나 그의 의도를 고려하지 않는다. 대신 텍스트에 자주성을 부여한 후 텍스트 자체(작품 구성, 장르 형식, 언어 법칙, 문학 장치들과 이들이 형성하는 의미망)에 집중한다. 텍스트 중심의 접근법은 "텍스트 안에 있는 세계(the world *within* the text)"에서 텍스트의 의미를 찾는 방법으로 요약될 수 있다.

예컨대 지지자들은 이육사의 「광야」에 담긴 의미를 해석하기 위해 시의 세계에 집중한다. 저자가 이육사라는 점은 중요하지 않다. 시가 일제강점기 때 쓰였다는 점도 중요하지 않다. 오직 시의 텍스트만 중요할 뿐이다. 그래서 「광야」가 5연 15행의 자유시라는 점, 시간의 흐름(과거[1-3연], 현재[4연], 미래[5연])에 따라 추보식으로 구성되어 있다는 점, 여러 종류의 수사법(대유법, 설의법, 활유법)을 사용하고 있다는 점 등은 「광야」에 내재되어 있는 본연의 의미를 찾을 수 있는 열쇠들로 작용한다. 요약하자면, 텍스트 중심의 접근법은 텍스트 안의 세계에 담겨 있는 요소를 통해 텍스트의 의미를 찾는 해석법이다.

---

3   William K. Wimsatt and Monroe C. Beardsley, "The Intentional Fallacy," in *On Literary Intention: Critical essays* (ed. David Newton-de Molina; Edinburgh: Edinburgh University, 1976), 1-13.

청중 중심의 접근법

청중 중심의 접근법은 마틴 하이데거(Martin Heidegger)의 제자인 한스 게오르그 가다머(Hans-Georg Gadamer)에 의해 20세기 후반부터 널리 퍼졌다.[4] 이 모형은 텍스트와 상호 작용을 하는 청중에게 초점을 맞춘다. 지지자들은 텍스트가 청중에 의해 해석되기까지 텍스트에는 아무런 의미가 없으며, 청중이 텍스트를 해석할 때 비로소 의미가 창조된다고 본다. 여기서 청중의 범위는 일차 독자에 한정되지 않는다. 다양한 이차 독자들(동서고금, 남녀노소, 빈부귀천)까지 포함될 수 있다. 그 결과 청중 중심의 접근법은 여러 종류의 해석들을 생성한다. 요컨대, 지지자들은 청중의 세계—"텍스트 앞에 있는 세계(the world *in front of* the text)"—에서 텍스트가 어떻게 해석되는지를 탐구한다.

청중 중심의 접근법은 다른 접근법들과 달리 텍스트를 단일하고 고착된 의미를 찾기 위한 분석의 대상으로 보지 않는다. 대신 상황에 따라 다양한 의미를 지닐 수 있는 '아직 정의되지 않은 대상'으로 본다. 저자 중심의 접근법과 텍스트 중심의 접근법이 텍스트를 정적으로 본다면 청중 중심의 접근법은 동적으로 보는 셈이다. 하나의 예를 들어보자. 한번은 미국에 사는 유대인 친구에게 「광야」를 영어로 번역하여 읽어 준 후, 시에 대한 해석을 부탁했던 적이 있다. 그는 「광야」의 1-3연이 창세기의 천지창조 이야기를 요약한 시라고 말했다. 이육사 시인의 역사 배경을 전혀 몰랐던 친구는 「광야」를

---

4   Hans-Georg Gadamer, *Wahrheit und Methode: Grundzüge einer philosophischen Hermeneutik* (Tübingen: Mohr, 1960)를 보라.

탈식민주의적 관점으로 읽지 않고 종교적 관점으로 읽었던 것이다. 당연한 현상이었다. 이육사의 배경지식을 모르는 이민 2세대의 기독교인들에게 「광야」의 해석을 부탁했을 때에도 결과는 비슷했다. 물론 이육사 시인은 유대인들이나 기독교인들의 종교적 관점을 피력하기 위해 「광야」를 쓰지 않았다. 하지만 청중 중심의 접근법은 텍스트를 단일하고 고착된 의미를 찾기 위한 분석의 대상으로 보지 않고, 상황에 따라 다양한 의미를 생성할 수 있는 유동의 대상으로 본다는 점을 기억하자. 그러므로 지지자들은 「광야」의 유대 및 기독교 독법도 타당한 해석으로 간주한다. 이처럼 **청중 중심의 접근법은 텍스트 앞의 세계에 있는 청중들을 통해 텍스트의 의미를 생성하는 해석법**이다.

요약하기

지난 200년간 해석학 진영에서 주로 사용된 세 가지 방법론은 저자 중심의 접근법, 텍스트 중심의 접근법, 그리고 청중 중심의 접근법이다. 각각의 접근법은 서로 다른 전제 위에서 구동되기 때문에 텍스트를 대하는 방식도 서로 다르다는 점을 알아보았다.

- 저자 중심의 접근법은 집 안에 있는 사람이 **창문**을 통해 집 밖의 세상을 관찰하는 방법과 흡사하다. 지지자들은 창문을 통해 창문 뒤의 세계(the world *behind* the window)를 탐구하는 방식으로 텍스트의 의미를 찾으려 한다.

- 텍스트 중심의 접근법은 사람이 예술 작품인 **초상화** 자체—초상화를 만든 사람이나 작품이 만들어진 배경이 아닌 초상화 자체—를 감상하는 방법과 흡사하다. 지지자들은 초상화 안의 세계(the world *within* the portrait)에 있는 예술적 요소를 관찰하는 방식으로 텍스트의 의미를 찾으려 한다.

- 청중 중심의 접근법은 사람이 **거울**에 비친 본인의 세계를 보는 방법과 흡사하다. 지지자들은 거울을 통해 거울 앞의 세계(the world *in front of* the mirror)를 조명하는 방식으로 텍스트의 의미를 찾으려(생성하려)한다.[5]

이처럼 각각의 방법들이 추구하는 목적이 다르기 때문에 해석자들은 본인들이 텍스트를 통해 찾고자 하는 바가 무엇인지에 따라 적합한 방법을 사용하고 있다.

---

5 세 가지 방법론을 각각 창문, 초상화, 거울에 유비하는 내용은 Jeannine Brown, *Scripture as Communication: Introducing Biblical Hermeneutics* (2nd ed.; Grand Rapids: Baker, 2021), 59에 등장한다. 하지만 나는 이 책의 내용에 맞춰 Brown의 유비를 수정하였음을 밝힌다.

강점과 약점, 그리고 절충형 모형

절충형 모형의 필요성

지난 200년 동안 사용되어 왔던 각각의 접근법이 지닌 한계에 주목하는 학자들이 늘어나고 있다. 이들은 저자, 텍스트, 독자를 분리시킨 후, 한쪽으로만 접근하는 방법이 과연 타당한지를 묻는다. 그리고 각각의 접근법에 있는 약점을 보완하고 강점을 살릴 수 있는 새로운 방법의 필요성을 제기한다. 그 결과 절충형 접근법들이 제시되기 시작했다. 이런 흐름을 인지하는 일은 이 책이 소개하려는 의사소통 모형의 탄생 배경을 이해하는 데 도움이 된다. 그러므로 지금부터 세 가지 접근법들이 가진 강점과 약점을 알아보고, 최근에 회자되고 있는 새로운 접근법들을 살펴보자.

강점과 약점

저자 중심의 접근법은 텍스트를 생성한 저자와 그의 창작 배경을 고려하기 때문에 텍스트의 역사적 의미를 찾을 수 있다는 강점이 있다. 하지만 이 모형은 저자가 고인이거나 미상일 경우 저자를 찾고 그의 세계를 재구축하는 작업에 큰 어려움을 겪는다. 예컨대 성경에는 저자가 누구인지 불분명한 텍스트가 포함되어 있다. 게다가 성경의 저자들과 한국의 청중들 사이에는 시간, 공간, 문화, 언어의 장벽들이 놓여 있다. 그러므로 저자 중심의 접근법을 따르는 해석자들은 저자에 대한 정보를 찾고, 저자와 청중 사이에 벌어져 있는 큰 간격들을 메워야 하는 어려움에 봉착한다. 비판자들이 지적하는 또 하나의 장애물이 있다. 설령 저자를 찾고 "텍스트 뒤의 세계"를 구축했다 할지라도 저자의 의도—고인이나 미상인 저자의 의도—를 읽는 작업은 불가능하다는 점이다. 그러므로 지지자들은 텍스트 너머에 있는 저자를 찾고, 그가 살았던 세계를 재건축한 후, 저자의 마음을 읽어야하는 무거운 짐을 부과받는다.

텍스트 중심의 접근법은 저자 중심의 접근법에 대한 반작용으로 탄생했다. 지지자들은 저자의 의도를 고려하지 않고 텍스트에 내재되어 있는 요소들을 분석함으로 텍스트의 의미를 찾으려 한다. 이 모형의 강점은 저자 중심의 접근법이 저자의 세계를 구축하느라 소홀히 대했던 텍스트 자체에 초점을 둔다는 점이다. 그래서 지지자들은 텍스트에 독립성과 자주성을 부여한 후 텍스트의 문학, 예술, 시적인 차원을 부각시키는 데 주력한다. 하지만 비판자들은 이 모형이 텍스트가 만들어졌던 역사적 문맥을 고려하지 않기 때문에 텍스트에 특정 용어나 표현이 사용된 이유를 놓치거나 왜곡할 위험이 있음을 지적한다. 예컨대 이육사의 「광야」에는 추운 겨울에 짙은 향기를 발하는 매화의 이미지가 등장한다. 이 이미지는 한국 문학에서 모진 환란에도 불구하고 지조와 절개를 지키는 모습을 상징한다. 하지만 한국 문학을 모르는 이차 독자가 이런 상징적 이미지를 만날 때, 커다란 의미의 공백을 경험할 수 있다. "눈," "매화," "향기," "홀로"라는 단어가 만나 지조와 절개의 상징적 이미지가 생성된다는 무언의 약속은 「광야」라는 텍스트에 가정되어 있을 뿐 설명되어 있지 않기 때문이다.[6] 게다가 한국 문학을 아는 독자들이라 할지라도 텍스트 중심의 접근법으로는 매화의 이미지가 「광야」에 사용된 이유를 설명할 수 없다. 이처럼 저자의 시대상이나 한국의 문학 장치들을 고려하지 않고 텍스트에 접근할 경우, 「광야」가 가정하고 있는 상징적 이미지나 그 이미지가 시에 사용된 이유는 상실된다.

청중 중심의 접근법은 저자 중심의 접근법과 텍스트 중심의 접근법에 대한 반작용으로 탄생했다. 그래서 저자와 텍스트가 아닌 청중에 집중하는 방법을 취한다. 청중을 텍스트에 의미를 불어넣는 주체라고 보는 이 모형은 그동안 무시되어 왔던 청중을 고려한다는 장점이 있다. 청중은 본인의 세계에서 텍스트의 의미를 생성하고, 타인이 생성한 다른 해석에 노출되기도 한다. 청중은 타인의 신선한 독법을 접하는 과정에서 텍스트의 풍성한 의미를 경험할 수도 있다. 기존의 접근법들과 다르게 텍스트를 동적으로 보기 때문에 가능한 일이다. 그러나 비판자들은 청중에게 텍스트의 의미를 생성

---

6   성경도 마찬가지다. 성경에 등장하는 "바다"와 "땅"은 문맥에 따라 죽음이나 음부를 의미하고, "태양," "달," "별"은 이방의 신들이나 천사들을 의미하기도 한다. 하지만 이런 무언의 약속은 텍스트에 가정되어 있지, 설명되어 있지 않다. 그러므로 텍스트 뒤에 있는 세계를 고려하지 않는 텍스트 중심의 접근법은 성경에 사용된 특정 용어나 표현 등에 담긴 의미를 놓치거나 왜곡할 수 있다는 점이 지적된다. 주원준, 『구약성경과 신들』, 개정판 (한님성서연구소, 2018); idem, 『구약성경과 작은 신들: 그리스도교 신앙의 뿌리에서 발견한 고대근동 신화와 언어의 흔적들』 (성서와함께, 2021)을 참고하라.

하는 권위를 부여하는 일은 "귀에 걸면 귀걸이, 코에 걸면 코걸이" 식의 해석이 만들어지는 상황을 막지 못한다는 점을 지적한다. 결국 텍스트는 하나인데 그 텍스트를 통해 많은 해석들—심지어는 서로 모순되는 해석들—이 만들어지는 상황을 통제할 수 없다는 의미다. 예컨대 빌레몬서는 19세기의 노예해방론자들과 비(非)노예해방론자들이 각각 자신들의 주장을 지지하기 위해 사용되었다. 텍스트는 하나인데 해석하는 사람에 따라 상반된 해석이 만들어졌다. 역설적인 부분은 청중 중심의 접근법에 의하면 두 해석들 모두 타당하다는 점이다. 지지자들은 성경이 그동안 저자의 의도를 넘어 다양하게 해석되어 왔고, 저자의 의도와 상관없이 각양각색으로 적용되어 왔음에 주목한다. 그리고 이런 현상은 지금도 일어나고 있고, 앞으로도 계속 일어날 것이며, 그 누구도 이를 막을 수 없다고 말한다. 그러나 비판자들은 현상과 원리를 구분해야 한다고 반문한다. 앞에 언급한 현상이 발생한다고 해서 그것을 해석의 원리로 삼을 필요는 없지 않은가?

절충형 모형

이처럼 위에 언급한 세 가지 접근법에는 강점과 약점이 존재한다. 그래서 각각의 접근법이 지니고 있는 강점을 살리고 약점을 보완할 수 있는 절충형 모형을 제안하는 학자들이 늘어나고 있다. 지난 200년간 저자 → 텍스트 → 청중 중심 접근법으로 흘렀던 해석학 기류에 변곡점의 필요성이 대두된 것이다. 이와 같은 움직임에 편승한 학자들은 텍스트 뒤에 있는 세계, 텍스트 안에 있는 세계, 텍스트 앞에 있는 세계가 상호 배타적이 아니라 상호 보완적인 프레임 속에서 고찰되어야 한다고 주장한다. 그래서 두 가지 이상의 접근법들을 통합하는 절충형 모형들을 제시하기도 했다.

저자 중심과 청중 중심의 접근법을 섞는 절충형 모형을 예로 들어보자. 이 모형은 저자의 의도가 텍스트에 반영되었다고 보기에 **의미의 고정성**을 수용한다. 그리고 청중들에 따라 텍스트는 다양한 방식으로 읽힐 수 있다고 보기에 **대상의 유동성**도 인정한다. 저자·청중 중심의 절충형 모형은 고정성과 유동성이라는 서로 충돌하는 두 개념을 받아들이지만, 이들이 함께 공존할 수 있는 새로운 규칙을 통해 기존의 접근법들과 다른 모형을 형성한다.

하루는 앞서 언급했던 유대인 친구에게 이육사의 역사적 배경 지식을 알려준 후 「광야」의 해석을 다시 한번 부탁했다. 그러자 그는 시의 내용이 제2성전기의 유대인들이 지녔던 소망과 흡사한 기대를 노래하는 것 같다고 말했다. 그는 「광야」의 1-3연에 등장하는 창조 이미지("하늘이 처음 열리고")를 유대교의 탄생과 연결하고, 4-5연에 등장하는 혹독한 이미지("눈," "가난," "광야")를 로마의 식민지 통치와 연결하며, 5연에 등장하는 희망 이미지("백마 타고 오는 초인")를 유대교의 메시아와 연결하여 읽는 독법의 가능성을 제시했다. 보다시피 유대인 친구는 저자의 세계(일제강점기 치하에서 고통받고 있는 이육사의 세계)로부터 탈식민지 관점을 수용해 해석의 프레임으로 삼았다. 그리고 새로운 청중의 세계(로마강점기 치하에서 고통받고 있는 제2성전기 유대인들의 세계) 속에서 텍스트를 해석했다. 이와 같은 절충형 접근법은 「광야」의 청중을 일제강점기 치하에서 고통받고 있는 우리 민족으로 한정하지 않고, 로마강점기 치하에서 고통받고 있는 제2성전기 유대인으로 확장시켰다는 점에서 청중 중심 접근법의 유동적 요소를 지녔다고 볼 수 있다. 아울러 탈식민지 관점으로 텍스트를 해석했다는 점에서 저자 중심의 접근법의 고정적 요소를 지녔다고 볼 수 있다. 텍스트는 저자가 의도했던 청중의 범위를 넘어갔지만 텍스트가 생성되었던 저자의 시대상이 무시되지 않았다는 점에서 대상의 유동성과 의미의 고정성이 적절히 절충되었던 셈이다. 물론 반대자들은 「광야」가 제2성전기 유대인들을 위해 쓰여지지 않았다는 점에 주목할 것이다.

한번은 성경 공부에 참여한 미국 이민 1.5세와 2세의 기독교인들에게 이육사의 배경지식을 소개해 준 후 「광야」를 해석해 볼 것을 부탁했다. 참여자들은 「광야」의 1-3연에 등장하는 창조 이미지를 하나님의 천지창조와 연결하고, 4-5연에 등장하는 혹독한 이미지를 죄와 사망이 통치하는 세상과 연결하며, 5연에 등장하는 희망 이미지, 즉 "백마 타고 오는 초인"을 요한계시록 19장에 등장하는 예수 그리스도(백마를 타고 공의로 심판하며 싸우는 메시아이자 세상을 악의 통치로부터 탈환하는 초인 예수 그리스도)와 연결하여 읽었다. 보다시피 참여자들은 저자의 세계(일제강점기 치하에서 고통받고 있는 이육사의 세계)로부터 탈식민지 관점을 수용해 해석의 프레임으로 삼았다. 그리고 새로운 청중의 세계(죄와 사망의 치하에서 고통받고 있는 현대 기독교인들의 세계) 속에서 텍스트를 해석했다. 이와 같은 절충형 접근법은 「광야」의 청중을 일제강점기 치하에서 고통받고 있는 우리 민족으로 한정하지 않고, 죄와 사망의 치하에서 고통받고 있는 기독교인으로 확장시켰다는 점에서 청중 중심의 접근법의 유동적 요소를 지녔다고 볼 수 있다. 아울러 탈식민지 관점으로 텍스트를 해석했다는 점에서 저자 중심의 접근법의 고정적 요소도 지녔다고 볼 수 있다. 텍스트는 저자가 의도했던 청중의 범위를 넘어갔지만 텍스트가 생성되었던 저자의 시대상이 무시되지 않았다는 점에서 대상의 유동성과 의미의 고정성이 적절히 절충되었다고 볼 수 있다. 역시 반대자들은 「광야」가 기독교인들을 위해 쓰여지지 않았다는 점에 주목할 것이다.

제3의 절충형 모형

제3의 절충형 모형도 있다. 두 가지 접근법이 아닌 세 가지 접근법을 절충한 모형이다. 이 모형은 저자의 세상, 텍스트의 세상, 청중의 세상을 모두 존중하는 세상을 만들어 그 세상 속에서 함께 구동되는 저자, 텍스트, 청중의 역할에 주목한다. 상호 배타적인 세 가지 세상들을 아무런 규칙 없이 섞어 혼돈의 한 세상으로 만든다는 의미가 아니다. 대신 하나로 통합된 세상에 새로운 규칙을 부여함으로써 독자적인 질서가 지배하는 세상을 만든다는 의미이다. 가장 대표적인 모델이 **의사소통 모형**(Communication Model)이다. 제4장에서 구체적으로 알아보겠지만, 의사소통 모형을 간략히 요약하자면 다음과 같다.

- 고려하는 세계: 의사소통 모형은 텍스트 뒤, 안, 앞의 세계를 모두 고려한다. 발신자(저자), 메시지(텍스트), 수신자(청중)는 **상황**(특정 시공간으로 한정된 문맥)속에서 불가분의 관계로 연결되어 있다.

- 상황의 역할: 모든 의사소통은 **상황**(특정 시공간으로 한정된 문맥) 속에서 발생한다. 이런 이유로 상황은 저자, 텍스트, 청중을 연결하는 **공통분모**의 역할을 하고, 또한 텍스트 뒤, 안, 앞의 세계를 모두 고려해야 하는 이유를 제공한다. 상황이 공통분모로 작용한다는 점은 텍스트의 청중을 필히 **일차 청중**(저자와 텍스트와 상황을 공유하고 있는 청중)과 **이차 청중**(상황을 공유하고 있지 않은 청중)으로 구별해야 함을 의미한다.

- 저자의 역할: 저자는 텍스트 뒤에서 텍스트 안에 의미를 담아 텍스트 앞의 청중에게 메시지를 전달하는 대상이다. 저자는 상황의 통제를 받으며 텍스트를 생성하기 때문에 텍스트 안에 청중이 이해할 수 있도록 의미를 담는다. 의사소통 모형은—저자 중심의 접근법과는 달리—텍스트 뒤에서 의미를 찾지 않고 안에서 찾는다.

- 청중의 역할: 청중은 텍스트 앞에서 텍스트 안에 있는 의미를 텍스트 뒤에 있는 저자를 통해 전달받는 대상이다. 의미는 저자에 의해 텍스트에 담겨졌기 때문에 청중은 텍스트에 의미를 불어 넣을 수 없다. 대신 본인이 처한 상황 속에서 텍스트에 담긴 저자의 의도를 파악한다. 청중이 "코에 걸면 코걸이, 귀에 걸면 귀걸이" 식의 해석을 만들

수 없는 이유는 상황이 청중의 해석을 통제하기 때문이다. 의사소통 모형은—청중 중심의 접근법과 달리—청중을 의미의 창조자로 보지 않는다.

- **텍스트의 역할**: 텍스트는 텍스트 뒤의 저자와 텍스트 앞의 청중을 텍스트 안의 의미를 통해 연결하는 매개체이다. 저자는 텍스트를 통해 의미를 전달하고, 청중은 텍스트를 통해 의미를 전달 받는다. 텍스트 안에 나타나는 작품 구성, 장르 형식, 언어 법칙, 문학 장치들은 저자가 본인의 의도를 보다 효과적으로 청중에게 전달하기 위해 구조한 요소들로 본다. 의사소통 모형은—텍스트 중심의 접근법과 달리—텍스트에 자주성을 부여하지 않는다. 상황에 통제를 받는 저자에 의해 생성된 텍스트는 상황의 통제를 받는 청중에 의해 해석된다.

이처럼 의사소통 모형은 상황이라는 문맥을 통해 저자, 청중, 텍스트를 모두 존중하는 해석을 찾는 데 목적을 둔다.

나는 하나님께서 일차 독자에게 말씀하셨듯이 이차 독자에게도 말씀하신다고 믿는다. 그러나 일차 독자가 말씀을 이해하는 방식과 이차 독자가 말씀을 이해하는 방식에는 분명한 차이가 있다. 시간, 공간, 문화, 언어의 공백들로 인해 서로 멀리 떨어져 있는 두 독자는 서로 다른 방법을 통해 말씀에 다가가야 한다. 혹시 의사소통 모형이 건설적인 방향을 제시해 줄 수 있을까?

다음 장으로

제3장은 지난 200년 동안 해석학 진영에 등장했던 여러 종류의 해석학 모형들—저자 중심의 접근법, 텍스트 중심의 접근법, 청중 중심의 접근법, 절충형 모델—과 그들의 한계, 그리고 새로운 모델의 필요성을 언급했다. 제4장은 기존의 모형들이 보였던 한계를 보완할 수 있는 대안책으로 의사소통 모형을 소개한다. 물론 의사소통 모형이 다른 모형들이 뛰어넘지 못했던 한계를 모두 뛰어넘었다는 의미는 아니다. 기존의 모형들이 지니고 있던 약점이 워낙 크기 때문에 아무리 절충형 모형이 만들어졌다 할지라도 그 약점을 완전히 보완할 수는 없다. 의사소통 모형도 한계가 있는—그리고 발전 가능성이 있는—대체 모형으로 봐야 한다. 그럼에도 불구하고 의사소통 모형을 긍정적으로 평가하는 이유는 **성경의 양면성**(역사성과 초월성)과 **성경의 두 독자**(일차 독자와 이차 독자)를 존중하며 성경에 접근할 수 있는 규칙을 제공하기 때문이다. 이제 제4장으로 들어가 의사소통 모형을 살펴보자.

제4장

의사소통 모형

"이처럼 의사소통 모형은 저자, 텍스트, 독자의 관계를 의사소통에 필요한 세 가지 요소인 발신자, 메시지, 수신자에 빗대어 이해하는 접근법이다. 이 접근법은 하나님께서 성경―성령의 영감을 받은 약 40명의 사람들에 의해 기록된 계시의 성경―을 통해 일차와 이차 독자들에게 소통을 시도하시며, 또한 독자들이 성경의 내용에 반응하기를 원하신다고 믿는 기독교 신앙을 저자(하나님과 40여 명의 사람들), 텍스트(성경), 독자(성도들)의 구도 속에서 조명할 수 있는 틀을 제공한다."

의사소통 모형

정의

우리가 알아볼 제3의 절충형 모형은 **의사소통 모형**(Communication Model)이다. 의사소통 모형은 저자의 세상, 텍스트의 세상, 그리고 독자의 세상을 의사소통의 규칙 아래 하나의 세상으로 통합한다. 그리고 새롭게 형성된 세상에서 저자, 텍스트, 청중을 모두 존중하는 해석을 찾는다. 의사소통 모형을 구동하는 기본 원칙들은 아래와 같다.[1]

  (1) 의사소통 행위는 **발신자, 메시지, 수신자**를 갖는다.

  (2) 발신자는 수신자가 **이해할 수 있는 장치**들로 메시지를 구성한다.

  (3) 발신자는 수신자가 메시지에 **반응하기**를 기대한다.

이 원칙들을 해석학 용어로 바꿔 표현하자면 다음과 같다.

  (1) 의사소통 행위는 **저자, 텍스트, 독자**의 요소를 갖는다.

  (2) 저자는 독자가 **이해할 수 있는 장치**들로 텍스트를 구성한다.

  (3) 저자는 독자가 텍스트에 **반응하기**를 기대한다.

---

1   이 책에 소개되는 의사소통 모형은 저자에 의해 수정되고 보완된 버전임을 밝혀 둔다.

이처럼 의사소통 모형은 저자, 텍스트, 독자의 관계를 의사소통에 필요한 세 가지 요소인 발신자, 메시지, 수신자에 빗대어 이해하는 접근법이다. 이 접근법은 하나님께서 성경—성령의 영감을 받은 약 40명의 사람들에 의해 기록된 계시의 성경—을 통해 일차와 이차 독자들에게 소통을 시도하시며, 또한 성도들이 성경의 내용에 반응하기를 원하신다고 믿는 기독교 신앙을 저자(하나님과 40여 명의 사람들), 텍스트(성경), 독자(성도들)의 구도 속에서 조명할 수 있는 틀을 제공한다. 우선 위에 언급한 첫 번째 원칙부터 알아보자.

첫 번째 원칙

세 가지 요소

의사소통 모형에는 세 가지의 구성 요소(저자, 텍스트, 독자)가 있다. 저자는 독자에게 텍스트를 통해 의미를 전달하고 행동을 일으키는 대상이다. 텍스트는 독자를 향한 저자의 의사소통 수단이다. 독자는 텍스트를 통해 저자의 의미를 전달받고 행동으로 초대받는 대상이다.

의사소통의 흐름을 저자의 관점으로 바라보자. 저자는 텍스트에 의미를 담아 독자에게 전달하는데, 저자가 텍스트에 의미를 담는 행위를 부호화(encoding) 작업이라고 부른다.

[도표 1] 부호화 작업의 흐름

이번에는 의사소통의 흐름을 독자의 관점으로 바라보자. 독자는 텍스트에 담겨진 저자의 의미를 꺼내는 대상이다. 독자가 텍스트에서 의미를 꺼내는 행위를 복호화(decoding) 작업이라고 부른다.

[도표 2] 복호화 작업의 흐름

이제는 의사소통의 흐름을 텍스트의 관점으로 바라보자. 저자는 텍스트에 의미를 담고(encoding), 독자는 텍스트에서 의미를 꺼낸다(decoding). 텍스트는 저자와 독자를 연결하는 매개체 역할을 한다.

[도표 3] 텍스트의 역할

이처럼 저자는 텍스트를 통해 독자에게 다가가고, 독자는 텍스트를 통해 저자에게 다가간다. 텍스트는 저자의 존재와 독자의 존재를 전제하고 이들을 연결하는 역할을 한다.

갈라디아서 텍스트를 예로 들어보자.

> 사람들이 시켜서 사도가 된 것도 아니요, 사람이 맡겨서 사도가 된
> 것도 아니요, 예수 그리스도께서 그리고 그분을 죽은 사람들 가운데
> 서 살리신 하나님 아버지께서 임명하심으로써 사도가 된 나 바울이,
> 나와 함께 있는 모든 믿음의 식구와 더불어 갈라디아에 있는 여러 교
> 회에 이 편지를 씁니다. … 여러분을 [그리스도의] 은혜 안으로 불러
> 주신 분에게서, 여러분이 그렇게도 빨리 떠나 다른 복음으로 넘어가
> 는 데는, 나는 놀라지 않을 수 없습니다. 실제로 다른 복음이 있는 것
> 은 아닙니다. 다만 몇몇 사람이 여러분을 교란시켜서 그리스도의 복
> 음을 왜곡시키려고 하는 것뿐입니다. (갈 1:1-2, 6-7)

본문은 **저자**가 바울이고, **텍스트**는 갈라디아서이며, **독자**는 다른
복음에 유혹을 받고 있는 갈라디아 지역의 성도들이라는 사실을 보
여준다. 의사소통 원리에 따르면 바울은 예수님의 복음을 떠나려는
갈라디아 성도들에게 전할 메시지—다른 복음을 버리고 예수 그리
스도의 복음을 굳게 붙들라는 메시지—를 갈라디아서에 부호화했
고, 갈라디아의 성도들은 편지에 담겨 있는 바울의 메시지를 복호
화했다. 그렇게 갈라디아서는 바울과 갈라디아의 성도를 연결하는
매개체로 역할했다.

이번에는 히브리서를 보자. 히브리서의 경우 저자와 독자가 누

구인지 정확히 명시되어 있지 않기 때문에 이들을 정확히 특정하는 작업은 불가능하다. 하지만 의사소통 모형에 의하면 텍스트는 저자와 독자를 전제하고 있기에 이들에 대한 정보가 텍스트에 담겨 있을 가능성을 열어놓는다. 다시 말해, 저자가 텍스트에 의미를 부호화하는 과정에서 의식적으로 혹은 무의식적으로 본인과 독자에 대한 정보를 넣었을 가능성이 있다는 의미이다. 의사소통 모형은 그 가능성을 최대한 살려 저자와 독자의 정보를 최대한 복구할 것을 요구한다. 이런 방식으로 히브리서를 조명한다면 우리에게 필요한 정보를 적지 않게 찾을 수 있다. 우선 거시적으로 보자면 히브리서의 저자와 독자는 그레코-로만 시대의 구성원들로서 당시의 이방문화에 노출되어 있었다.[2] 미시적으로 보자면 저자는 유대교의 사상에 깊은 조예가 있고,[3] 제2성전기에 개화한 묵시 사상을 수용하고 있다 (히 1:2; 6:2, 8; 10:24-27, 30-31; 12:27-29). 그리고 디모데와 친분이 있고(13:23), 예수님께 가르침을 받은 자로부터 복음을 듣고 예수님을 영접했다

---

2   Jörg Rüpke, "Starting Sacrifice in the Beyond: Flavian Innovations in the Concept of Priesthood and Their Reflections in the Treatise 'To the Hebrews'," in *Hebrews in Contexts* (ed. Gabriella Gelardini and Harold W. Attridge; AJEC 91; Leiden: Brill, 2016), 109-32 (113); Jason A. Whitlark, "The God of Peace and His Victorious King: Hebrews 13:20-21 in Its Roman Imperial Context," in *Hebrews in Contexts* (ed. Gabriella Gelardini and Harold W. Attridge; AJEC 91; Leiden: Brill, 2016), 155-78.

3   David M. Moffitt, "The Interpretation of Scripture in the Epistle to the Hebrews," in *Reading the Epistle to the Hebrews: A Resource for Students* (ed. Eric F. Mason and Kevin B. McCruden; RBS 66; Atlanta: SBL, 2011), 77-97 (86).

(2:3). 히브리서의 독자는 로마에 살고 있는 기독교인들로 보이고 (13:24), 히브리서에 많은 구약성경이 인용되고 있다는 점으로 미루어 보아 유대 사상에 제법 노출되었던 것으로 추정된다. 이들은 사랑으로 다른 성도들을 대하고 믿음으로 인해 환란과 핍박을 견디는 모범적인 생활을 하고 있지만, 영적으로는 성장하지 못하고 있는 심각한 문제를 안고 있었다(5:11-14; 6:10; 10:32-34; 12:4-11; 13:12-13). 이처럼 텍스트에는 저자와 독자가 누구인지 명시되어 있지 않아도 그들에 대한 정보가 여기 저기에 흩뿌려져 있을 수 있다. 구체적이지는 않지만 말이다. 의사소통 모형은 이런 정보를 최대한 취합하여 저자, 텍스트, 독자 사이에 존재하는 의사소통 규칙을 균형 있게 고려할 것을 권한다.

상황

대부분의 의사소통 행위는 **상황**이라는 문맥 속에서 발생한다. 발신자가 수신자에게 전달하는 메시지도 발신자와 수신자가 공유하고 있는 특정한 상황 속에서 생성된다. 예컨대 「광야」는 일제강점기라는 독특한 상황 속에서 저항 시인으로 알려진 이육사에 의해 탄생했다. 「광야」를 접했던 일차 독자도 저자와 마찬가지로 일제강점기라는 상황을 공유하고 있었다. 그러므로 저자, 텍스트, 그리고 독자가 공유하고 있던 특정한 상황은 일제강점기이다. 이 상황이 없었다면 「광야」는 탄생하지 않았을 것이다.

성경 텍스트도 마찬가지다. 갈라디아서의 경우 저자와 독자가 공유하고 있는 독특한 상황(갈라디아 성도들이 "다른 복음으로 넘어가는" 상황)으로 인해 탄생했고, 히브리서 역시도 저자와 독자가 공유하고 있는 독특한 상황(수신자들의 일부가 영적으로 성장하지 못하는 상황)으로 인해 탄생했다. 만약 갈라디아 성도들의 배도와 히브리서 수신자들의 영적 피터팬 증후군이 없었다면, 갈라디아서와 히브리서는 탄생하지 않았을 것이다. 이처럼 상황은 저자, 텍스트, 독자의 공통분모로 작용한다.

그러므로 저자와 일차 독자가 공유하고 있는 상황을 공유하고 있지 못한 이차 독자가 텍스트에 접근할 경우, 이차 독자는 텍스트에 담긴 저자의 의도를 인지하지 못하거나 왜곡시킬 가능성이 있다. 저자가 일차 독자에게 쓴 텍스트를 이차 독자가 읽을 때, 텍스트를 탄생시킨 상황을 충분히 고려해야 하는 이유가 여기에 있다. 이차 독자가 이 규칙을 어기고 텍스트에 접근하는 것은, 타인들의 대화에 흐르는 맥락도 모른 채 불쑥 끼어드는 무례한 행위와 같다. 아래의 도표를 보자.

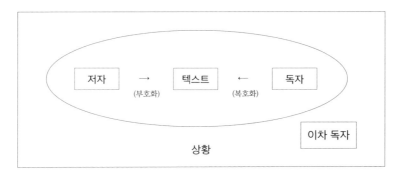

[도표 4] 저자, 텍스트, 일차 독자가 공유하는 상황

이차 독자는 저자, 텍스트, 일차 독자가 공유하는 상황의 외부에 위치하고 있다. 만약 이차 독자가 상황을 고려하지 않고 텍스트를 복호화한다면 일차 독자가 복호화한 해석과 전혀 다른 해석이 만들어질 가능성이 높다. 의사소통 모형은 이와 같은 행위를 타당하지 못하다고 판단한다.

두 번째 원칙

의사소통 모형의 두 번째 원칙은 "저자는 독자가 **이해할 수 있는 장치들로 텍스트를 구성한다**"이다. 저자가 텍스트를 쓰는 이유는 독자에게 의미를 전달하기 위함이다. 의사소통 목적이 의미의 전달인 만큼 저자는 독자가 최대한 쉽게 복호화할 수 있는 장치들로 부호화 작업을 한다. 그 결과 독자는 텍스트에서 어렵지 않게 의미를 복호화한다.

가정된 배경지식, 숨겨진 배경지식

위에 언급한 내용은 지극히도 당연한 상식이지만 여기에 우리가 놓치지 말아야 할 중요한 부분이 있다. 의사소통 모형에 사용되는 "이해할 수 있는 장치들"은 단지 단어나 문장만을 의미하지 않는다. 여기에 하나를 더해 **가정된 배경지식**(저자와 일차 독자 사이에 이미 공유되어 있는 배경지식)까지 포함한다. 다시 복습해 보자.

박상규 작가의 단편 동화 모음집에 「바보 영식이와 옥이 공주」 이야기가 있다. 이 동화에는 짓궂은 아이들이 영식이와 옥이를 놀리는 대목이 등장한다.

> "난 누구시라고, 옥이 공주시구먼. 바보 영식이와 옥이 공주, 아주 그 럴듯한데. 요새 꼭꼭 영식이 편만 드는데 혹시 바보 온달과 평강 공 주처럼 되는 거 아니야?" 아이들은 옥이를 놀려댔다. 영식은 옥이가 고마웠다. 그런 옥이를 놀려대는 아이들이 밉고 화가 치밀어 올랐다.[4]

위에 인용된 문장에는 "바보 온달과 평강 공주"라는 표현이 등장한다. 하지만 그들이 누구인지에 대한 설명이 전혀 없다. 그럼에도 불구하고 독자들은 어려움 없이 인용문을 읽고 이해할 수 있다. 그 이유가 무엇일까? 한국이라면 누구나 알고 있는 "바보 온달과 평강 공주" 설화가 가정된 배경지식으로 작용하기 때문이다. 이를 잘 알고 있던 저자는 "바보 온달과 평강 공주"에 대한 설명을 동화에서 과감히 생략했다. 일차 독자도 의미의 공백을 느끼지 않고 동화를 복호화했다. 이것이 저자와 독자 사이에 이미 공유되어 있는, 그래서 텍스트에 설명을 추가할 필요가 없는 가정된 배경지식의 예이다.[5] 만약 평강 공주 설화를 모르는 외국인이 위의 동화를 읽는다

---

4   박상규, 『벙어리 엄마』 (창작과비평사, 1991), 120.
5   독자는 평강공주가 누구인지 찾기 위해 "평강"이라는 이름을 소유한 공주

면 어떨까? 평강 공주에 대한 부분은 **숨겨진 배경지식**이 되어 의미의 공백을 초래할 것이다.

가정된 배경지식은 동화뿐만 아니라 시에서도 나타난다. 박라연 시인은 「서울에 사는 평강공주」라는 시를 통해 신혼 때 느꼈던 풋풋한 사랑의 감정을 노래했다. 시의 전문을 인용한다.

> 동짓달에도 치자꽃이 피는 신방에서 신혼일기를 쓴다. 없는 것이 많아 더욱 따뜻한 아랫목은 평강공주의 꽃밭 색색의 꽃씨를 모으던 흰 봉투 한 무더기 산동네의 맵찬 바람에 떨며 흩날리지만 봉할 수 없는 내용들이 밤이면 비에 젖어 울지만 이제 나는 산동네의 인정에 곱게 물든 한 그루 대추나무 밤마다 서로의 허물을 해진 사랑을 꿰맨다
>
> … 가끔 … 전기가 … 나가도 … 좋았다 … 우리는 …

들을 역사책이나 설화집에서 모두 조사할 필요가 없다. 대신 한국인이라면 누구나 다 알고 있는 보편적인 상식에 의존하여 본인이 이미 알고 있는 "평강공주"를, 저자가 의미한 "평강공주"에 대입하여 해석을 시도한다. 그 이유가 무엇일까? 의사소통 모형에 의하면 저자는 독자가 쉽게 이해할 수 있는 장치들로 텍스트를 구성하고, 독자는 가장 쉽게 이해할 수 있는 독법으로 텍스트를 이해하려 하기 때문이다. 사업가가 가장 적은 투자로 가장 큰 이윤을 남기는 전략을 구상하는 것처럼, 저자와 독자는 가장 적은 "정신적 노력"(mental effort)으로 가장 높은 "수사적 효과"(rhetorical effect)를 낼 수 있는 최적의 독법을 추구한다. Dan Sperber and Deirdre Wilson, *Relevance: Communication and Cognition* (Oxford: Blackwell, 1986); Dan Sperber and Deirdre Wilson, *Meaning and Relevance* (Cambridge: Cambridge University, 2012), 124–25; Dan Sperber and Deirdre Wilson, "On Verbal Irony," *Lingua* 87 (1992): 53–76 (67–68)을 보라.

새벽녘 우리 낮은 창문가엔 달빛이 언 채로 걸려 있거나 별 두서넛
이 다투어 빛나고 있었다. 전등의 촉수를 더 낮추어도 좋았을 우리의
사랑방에서 꽃씨 봉지랑 청색 도포랑 한 땀 한 땀 땀흘려 깁고 있지
만 우리 사랑 살아서 앞마당 대추나무에 뜨겁게 열리지만 장안의 앞
은뱅이 저울은 꿈쩍도 않는다. 오직 혼수며 가문이며 비단 금침만 뒤
우뚱거릴 뿐 공주의 애틋한 사랑은 서울의 산 일번지에 떠도는 옛날
이야기 그대 사랑할 온달이 없으므로 더더욱.[6]

보다시피 시인은 "바보 온달과 평강 공주"를 소재로 시를 썼지
만 시의 전문을 읽어봐도 그들이 누구인지에 대한 설명은 나오지
않는다. 하지만 우리는 의미의 공백을 느끼지 않고 시의 내용을 파
악할 수 있다. 한국인이라면 누구나 알고 있는 "바보 온달과 평강
공주" 설화가 가정된 배경지식으로 작용하기 때문이다. 만약 평강
공주 설화를 모르는 외국인이 위의 시를 읽는다면 설화와 관련된
부분은 숨겨진 배경지식이 되어 의미의 공백을 초래할 것이다. 그
러므로 우리는 아래와 같은 도표를 만들 수 있다.

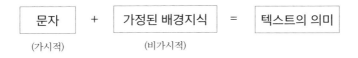

[도표 5] 의미의 구성 요소

---

6   박라연『서울에 사는 평강공주』(문학과지성사, 1990), 「서울에 사는 평강공
     주」.

텍스트의 의미는 눈에 보이는 문자와 더불어 눈에 보이지 않는 가정된/숨겨진 배경지식이 만나 형성된다는 점을 기억하는 일은 중요하다. 텍스트에 가정된 배경지식이 담겨 있을 경우, 그 텍스트에는 문자적으로 생략된 내용—그러나 저자와 일차 독자 사이에 이미 공유되어 있는 내용—이 존재할 수 있기 때문이다. 만약 텍스트를 복호화하는 대상이 일차 독자일 경우 일차 독자는 가정된 배경지식을 사용하여 생략된 부분을 쉽게 채워 넣을 수 있다. 하지만 이차 독자가 동일한 텍스트를 읽을 경우 어려움을 겪을 수 있다. 가정된 배경지식은 저자와 일차 독자 사이에 공유된 공통분모이지, 저자와 이차 독자 사이에 공유된 공통분모는 아니다. 이럴 경우 저자와 일차 독자 사이에 공유되어 있는 가정된 배경지식은 이차 독자에게 숨겨진 배경지식이 된다.

일차 독자, 이차 독자

우리는 고대 문서나 외래 문서를 접할 때 해석의 어려움을 종종 겪는다. 단순히 언어의 장벽이 존재하기 때문만이 아니다. 번역 작업을 통해 언어의 장벽을 허물었다 할지라도 쉽게 이해하기 힘든 표현들이나 미묘하게 생략된 듯한 공백들이 여전히 텍스트에 존재한다. 이런 현상이 일어나는 이유는 저자와 일차 독자 사이에 공유되었던 특정한 상황과 가정된 배경지식이 우리에게는 없기 때문이다. 이를 기억하며 아래의 도표를 보자.

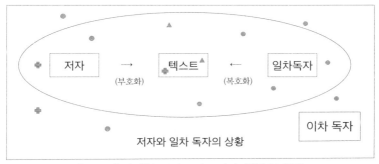

[도표 6] 저자와 (일차 그리고 이차) 독자의 세계

　　도표에 등장하는 회색 도형들은 저자와 독자 사이에 공유되어 있는 다양한 배경지식을 의미한다. 보다시피 저자와 일차 독자 사이에 공유되어 있는 배경지식도 있고, 저자와 이차 독자 사이에 공유되어 있는 배경지식도 있다. 여기에서 우리가 특별한 관심을 두어야 할 도형은 텍스트 박스 안에 들어있는 십자표(+)와 삼각형(△)이다. 십자표는 저자, 일차 독자, 이차 독자 사이에 공유되어 있는 반면, 삼각형은 저자와 일차 독자 사이에만 공유되어 있다. 일차 독자와 이차 독자가 텍스트 안에서 십자표로 표현된 배경지식을 만날 경우 어려움 없이 복호화 작업을 진행할 수 있다. 반면에 이들이 삼각형으로 표기된 배경지식을 만날 경우에는 이야기가 달라진다. 일차 독자는 저자와 공유되어 있는 가정된 배경지식을 통해 텍스트를 쉽게 복호화 할 수 있을 것이다. 그러나 그 배경지식은 저자와 이차 독자 사이에 공유되지 않은 숨겨진 배경지식이기 때문에 이차 독자는 그만큼 의미의 공백을 만날 것이다. 이를 고려하여 의사소통 모형의 기본 원칙들을 수정하자면 다음과 같다.

(1) 의사소통 행위는 저자, 텍스트, 일차 독자의 요소를 갖는다.

(2) 저자는 일차 독자가 이해할 수 있는 장치들로 텍스트를 구성한다.

(3) 저자는 일차 독자가 텍스트에 반응하기를 기대한다.

그러므로 고대 문서나 외래 문서를 마주하는 독자는 본인이 일차 독자인지, 이차 독자인지 먼저 구별한 후 복호화 작업에 들어가야 한다.

성경은 어떨까? 기독교인들은 하나님께서 성경이라는 계시의 텍스트를 통해 성도들에게 의사소통을 시도하시고, 또한 성도들이 성경의 내용에 반응하기를 원하신다고 믿는다. 하지만 성경은 하나님의 영감을 받은 약 40명의 저자들이 일차 독자들—21세기를 사는 사람들과 다른 시간과 다른 공간 속에서 다른 문화를 살며 다른 언어를 사용했던 독자들—에게 먼저 건넨 텍스트라는 사실도 무시해서는 안 된다. 이는 저자와 일차 독자 사이에 공유되어 있던 가정된 배경지식이 성경 텍스트 안에 과감히 생략되어 있음을 의미한다. 다시 한번 강조하지만, 우리가 성경을 읽을 때 느끼는 미묘한 거리감과 공백감은 단지 번역의 한계로 인해 발생하는 것이 아니다. 여기에 하나를 더해 우리에게 부재하는 가정된 배경지식이 숨겨진 배경지식으로 작용하기 때문이기도 하다. 정리하자. 의사소통 모형의 두 번째 원칙은 "저자는 독자가 이해할 수 있는 장치들로 텍스트를 구성한다"이다. 여기에서 "독자"는 일차 독자를 의미한다. 이차 독자인 우리는 이런 사실을 의지적으로 기억하며 숨겨진 배경지식을 가정된 배경지식으로 바꾸기 위해 노력해야 한다.

세 번째 원칙

의사소통 모형의 세 번째 원칙은 "저자는 독자가 텍스트에 반응하기를 기대한다"이다. 대부분의 의사소통 행위는 저자와 독자가 공유하고 있는 독특한 상황 속에서 발생한다. 저자는 텍스트를 통해 독자에게 그 상황에 부합하는 반응을 직접적으로 혹은 간접적으로 요구할 수 있다.

직접적 요구

갈라디아서는 갈라디아 성도들이 "다른 복음"에 유혹을 받는 상황 속에서 쓰여졌다. 편지의 목적은 "다른 복음"에 유혹을 받는 갈라디아 성도들이 "그리스도의 복음"에 굳게 붙어 있도록 권면하기 위함이다. 그러므로 일차 독자들은 갈라디아서를 통해 특별한 행동("다른 복음"의 유혹을 뿌리치고 "그리스도의 복음"을 붙드는 행동)으로 초대받는다. 아래는 바울이 갈라디아 성도들에게 행동을 직접적으로 요구(예컨대 명령어를 통해 요구)하는 구절들이다.

그리스도께서 우리를 해방시켜 주셔서 자유를 누리게 하셨습니다. 그러므로 **굳게 서서**(στήκετε), 다시는 종살이의 멍에를 메지 마십시오 (ἐνέχεσθε). (갈 5:1)

여러분은 성령께서 인도하여 주시는 대로 **살아가십시오**(περιπατεῖτε). (갈 5:16)

형제자매 여러분, 어떤 사람이 어떤 죄에 빠진 일이 드러나면 성령의 인도하심을 따라 사는 사람인 여러분은 온유한 마음으로 그런 사람을 **바로잡아 주고**(καταρτίζετε) 자기 스스로를 살펴서 유혹에 빠지지 않도록 조심하십시오. (갈 6:1)

각 사람은 자기 일을 **살펴보십시오**(δοκιμαζέτω). (갈 6:4)

자기를 속이지 마십시오(μὴ πλανᾶσθε). (갈 6:7)

바울은 "다른 복음"에 유혹을 받고 있는 갈라디아 성도들에게 직접적인 요구를 함으로써 그들을 구체적인 행동으로 초대하고 있다.[7]

---

7 앞서 언급했던 히브리서도 마찬가지다. 히브리서는 영적으로 성장하지 못하는 일차 독자들(상황)을 훈계하고 영적인 성장을 위해 힘쓰라고(반응) 권유하기 위해 쓰여졌다. 그러므로 히브리서의 독자들은 히브리서를 통해 영적 성장을 위해 고군분투하라는 특별한 행동을 요구받는다.

간접적 요구

저자는 간접적인 요구를 통해 일차 독자를 구체적인 행동으로 초대할 수도 있다. 많은 사람들이 '저자는 명령문으로 표현된 문장을 통해서만 독자에게 행동을 요구한다'고 생각한다. 하지만 의사소통 모형에 의하면 이와 같은 생각은 옳지 않다. 저자는 독자와의 관계에 따라 평서문, 감탄문, 의문문 등을 통해 명령문과 동일한 무게로 독자의 행동을 일으킬 수 있다.

여기 김 부장과 박 대리가 있다. 사무실에 들어온 김 부장이 열려진 창문을 본 후 박 대리를 향해 "춥네"(평서문), "아, 추위!"(감탄문), 혹은 "춥지 않아?"(의문문)라는 말을 건넸다. 김 부장이 이 말을 박 대리에게 건넨 이유가 무엇일까? 단순히 날씨에 대한 정보를 전달하기 위함일까? 그렇지 않다. 대신 '내가 추위를 느끼니 어서 창문을 닫아라'는 명령의 의미를 평서문, 감탄문, 의문문의 옷을 입혀 전달한 것이다. 직장 상사로부터 "춥네"(평서문), "아, 추위!"(감탄문), 혹은 "춥지 않아?"(의문문)라는 표현을 들은 박 대리도 상사의 의도를 잘 알아차렸다. 그래서 그는 서둘러 창문을 닫았다.

창세기 32장을 보자. 본문에는 야곱이 하나님의 사자와 "씨름"을 하는 이야기가 등장한다. 야곱과 하나님의 사자의 관계를 고려할 경우, 후자가 전자보다 높은 위치에 있음을 알 수 있다. 이를 기억하며 창세기 32:29을 보면 하나님의 사자의 이름을 묻는 야곱의 질문에 의문형으로 답하는 하나님의 사자를 만날 수 있다.

야곱이 말하였다. "당신의 이름이 무엇인지 가르쳐 주십시오." 그러
나 그는 "어찌하여 나의 이름을 묻느냐?" 하면서, 그 자리에서 야곱
에게 축복하여 주었다. (창 32:29)

하나님의 사자가 본인의 이름을 묻는 야곱에게 되질문한 이유
는 무엇일까? 이름을 묻는 이유가 궁금했기 때문일까? 아니다. 의
사소통 모형에 의하면 하나님의 사자는 의문문을 통해 본인의 이름
을 묻지 말라는 명령을 야곱에게 전달한 것으로 이해할 수 있다. 그
래서 JPS Tanakh와 NJPS Tanakh 역본은 "어찌하여 나의 이름을 묻
느냐?"로 번역된 히브리어 문장을 강한 부정을 담고 있는 명령형으
로 번역했다.

You must not ask my name!

(너는 내 이름이 무엇인지 결코 물어서는 안 된다!)

이와 같은 **관계적 읽기**는 상황적으로 성경을 읽을 수 있도록 도
움을 준다. 다윗의 시편 8편을 보자.

[1] 주 우리 하나님, 주님의 이름이 온 땅에서 어찌 그리 위엄이 넘치는
지요? 저 하늘 높이까지 주님의 위엄 가득합니다. [2] 어린이와 젖먹이
들까지도 그 입술로 주님의 위엄을 찬양합니다. 주님께서는 원수와
복수하는 무리를 꺾으시고, 주님께 맞서는 자들을 막아 낼 튼튼한 요

새를 세우셨습니다. ³ 주님께서 손수 만드신 저 큰 하늘과 주님께서 친히 달아 놓으신 저 달과 별들을 내가 봅니다. ⁴ 사람이 무엇이기에 주님께서 이렇게까지 생각하여 주시며, 사람의 아들이 무엇이기에 주님께서 이렇게까지 돌보아 주십니까? ⁵ 주님께서는 그를 하나님보다 조금 못하게 하시고, 그에게 존귀하고 영화로운 왕관을 씌워 주셨습니다. ⁶ 주님께서 손수 지으신 만물을 다스리게 하시고 모든 것을 그의 발 아래에 두셨습니다. ⁷ 크고 작은 온갖 집짐승과 들짐승까지도 ⁸ 하늘을 나는 새들과 바다에서 놀고 있는 물고기와 물길 따라 움직이는 모든 것을 사람이 다스리게 하셨습니다. ⁴⁹ 주 우리의 하나님, 주님의 이름이 온 땅에서 어찌 그리 위엄이 넘치는지요? (시 8:1-9)

저자는 일차 독자에게 특별한 행동을 요구하지 않는다. 단지 하나님을 찬양하며 본인의 신앙을 고백하고 있을 뿐이다. 그렇다면 본문은 일차 독자에게 그 어떤 행동도 요구하지 않는 것일까? 의사소통 모형에 의하면 다른 독법이 가능하다. 시편 8편이 노래되었던 상황은 사람들이 피조물들(달, 별들, 우양, 들짐승, 공중의 새, 바다의 어족 등)을 신격화하며 우상숭배를 하던 시기였다. 이스라엘 민족도 예외는 아니었다. 의사소통 모형에 의하면 다윗 왕은 시편 8편을 통해 창조자 하나님을 찬양하는 확고한 신앙을 노래함으로써 일차 독자를 본인의 신앙과 동일한 신앙으로 초대하고 있다. 만약 일차 독자가 우상숭배를 하지 않는 자라면 다윗의 찬양에 동참할 것을 요구받고, 일차 독자가 우상숭배를 하는 자라면 속히 죄를 뉘우치고 창조자 하나님만 섬길 것을 요구받을 것이다.

이런 관점은 성경 해석에도 새로운 창을 열어준다. 예컨대 성경은 예수님과 제자들의 관계를 선생과 학생(마 26:25; 막 9:5; 11:21; 요 4:31), 주와 종(마 14:28; 17:4; 눅 9:54; 요 6:68), 하나님과 인간(요 20:28) 등의 구도로 놓는다. 이는 예수님께서 제자들의 상위에 계심을 의미한다. 곧 예수님께서 상황에 따라 평서문, 감탄문, 의문문 등을 통해 명령문과 동일한 무게로 제자들에게 행동을 요구할 수 있는 위치에 있다는 의미이다.[8] 구약도 마찬가지이다. 만약 우리가 '저자는 명령문으로 표현된 문장을 통해서만 독자에게 행동을 요구한다'는 단순한 생각을 버리고 위에 제시한 의사소통 법칙을 고려하며 성경을 읽는다면 어떨까? 아마도 하나님께서는 그동안 우리가 인지하고 있던 범위보다 더 넓게 행동을 요구하고 계신다는 사실을 발견할 수 있을지도 모른다. 창조자께서는 피조물들에게 "네 부모를 공경하라," "네 이웃을 사랑하라" 등의 명령문을 통해서는 물론, 평서문과 감탄문, 의문문 등을 통해서도 명령문과 동일한 무게의 행동을 요구하실 수 있다는 사실은 우리에게 성경을 **관계적으로 읽을 것**을 권장한다.

관계적 독법 못지않게 **상황적 독법**도 중요하다. 이육사의 「광야」를 예로 들어보자. 「광야」에는 이육사가 일차 독자에게 특별한 행동을 요구하는 내용이 없어 보인다. 단지 일제강점기 치하의 모진 환

---

8   사도라는 직분을 주장하는 바울과 그의 서신을 받은 지역 교회 성도들의 관계도 비슷하게 이해될 수 있다.

란에도 불구하고 나라를 향한 지조와 절개를 굳게 지키겠다는 본인의 결단을 보여줄 뿐이다. 하지만 의사소통 모형에 의하면 「광야」는 독자를 특별한 행동으로 초대한다고 볼 수 있다. 저자 이육사는 시를 통해 본인의 애국심을 보여줌으로써 일차 독자에게 본인과 동일한 애국심을 소유할 것을 요구한다는 의미이다. 물론 하나님의 사자와 야곱 그리고 다윗 왕과 백성의 사이에 존재하는 수직 구조는 이육사와 독자 사이에 존재하지 않는다. 하지만 이육사와 일차 독자가 함께 처해 있던 상황이 이육사의 요구에 상당한 무게를 더했을 것이다. 언급했다시피 「광야」는 저자와 일차 독자가 함께 공유하고 있는 일제강점기라는 독특한 상황 속에서 탄생했다. 당시에는 일제에 끝까지 항거한 애국자들만 있었던 것이 아니라 반민족 행위에 가담했던 자들도 있었다. 만약 「광야」의 일차 독자가 애국자들이었다면 끝까지 변절하지 말고 조국을 위해 싸우자는 저자의 메시지를 읽었을 것이고, 일차 독자가 변절자들이었다면 속히 뉘우치고 애국의 길을 걷자는 메시지를 읽었을 것이다. 이처럼 상황적 독법에 의하면 저항시 「광야」는 나라를 끝까지 사랑하겠노라는 이육사의 결단을 보여줄 뿐만 아니라 일차 독자에게 저자와 동일한 결단을 내리기를 간접적으로 권고하기도 한다.

요약하기

의사소통 모형은 세 가지의 기본 원칙을 따른다. **첫째**, 의사소통 행위는 저자, 텍스트, 일차 독자라는 요소를 갖는다. 일차 독자가 있다는 의미는 이차 독자도 있다는 의미이다. 우리는 텍스트를 복호화하기 전에 자신이 텍스트의 일차 독자인지 혹은 이차 독자인지 먼저 파악한 후 복호화 작업에 임해야 한다. **둘째, 저자는 일차 독자가 이해할 수 있는 장치들로 텍스트를 구성한다.** 일차 독자가 이해할 수 있는 장치에는 문자와 가정된 배경지식(우리에게는 숨겨진 배경지식)이 있다. 문자가 텍스트를 구성하는 가시적 요소라면 가정된 배경지식은 텍스트를 구성하는 비가시적 요소이다. 이차 독자는 텍스트에 담겨 있는 의미를 바르게 복호화하는 데 문자와 가정된 배경지식이 모두 필요하다는 점을 인지해야 한다. **셋째, 저자는 일차 독자가 텍스트에 반응하기를 기대한다.** 거의 모든 텍스트는 저자와 일차 독자가 공유하는 특별한 상황 속에서 생성된다. 저자는 일차 독자에게 상황에 부합하는 행동을 직접적으로 혹은 간접적으로 요구할 수 있다. 그 요구는 저자와 일차 독자의 관계나 상황에 따라 평서문, 의문문, 감탄문 등을 통해 전달되기도 한다. 이차 독자는 이를 인지하며 성경을 관계적 및 상황적으로 읽는 훈련을 해야 한다.

의사소통 모형과 적용

이차 독자가 고대 문서인 성경의 가르침을 현대 교회에 적용할 때 기억해야 할 두 가지 요소가 있다. 첫째는 **성경에 사용된 고대문화 코드를 맥락화 작업을 통해 현대문화 코드로 치환하는 일이다.** 둘째는 현대인들이 이미 익숙히 알고 있는 요소들을 적극 활용하여 성경의 의미를 쉽고 직관적으로 전달하는 일이다. 첫 번째 방법은 이차 독자가 현실에 맞게 성경을 적용할 수 있는 틀을 제공하고, 두 번째 방법은 이차 독자가 보다 효과적으로 성경을 이해하도록 돕는다.

맥락화 작업을 통한 문화 코드 치환

기독교인들은 하나님께서 오늘날에도 성경을 통해 인류에게 소통을 시도하시며, 또한 인류가 성경의 내용에 반응하기를 원하신다는 믿음을 소유하고 있다. 그렇기에 성경의 가르침을 본인들의 삶에 적용하기를 힘쓴다. 하지만 성경이 요구하는 행동 강령을 삶에 적용하는 일은 결코 쉽지 않다. 성경에는 우리가 문자대로 적용할 수 있는 부분과 그렇지 못한 부분이 섞여 있다. 예컨대 "네 부모를 공경하라"(출 20:12; 신 5:16)나 "살인하지 말라"(출 20:13; 신 5:17)와 같은 가르침은 그리 어렵지 않게 적용이 가능하다. 반면에 성도들끼리 서로 입맞춤으로 인사하라는 가르침(롬 16:16; 고전 16:20; 고후 13:12; 살전 5:26; 벧전 5:14)은 적용하는데 어려움을 겪는다. 이런 차이가 발생하는 이유가 무엇일까? 문화 코드의 차이 때문이다. 다시 말해, "네 부모를 공경하라"와 "살인하지 말라"와 같은 코드는 한국의 문화 코드와 유사점이 많아 적용하는 데 어려움이 없다. 반면에 입맞춤 인사와 같은 코드는 한국의 문화 코드와 이질적이라서 적용하는 데 어려움이 따른다. 의사소통 모형은 후자의 경우에 사용할 수 있는 적절한 방법을 제시하는데, 그것은 맥락화, 현지화, 토착화, 상황화 작업이다.

쉽게 공감할 수 있는 몇 가지 예를 들어보자. 저자가 "예절을 지키라"는 의미를 텍스트에 부호화하는 상황을 가정해 보자. 한국인 저자가 한국인 독자에게 텍스트를 쓸 경우, 저자는 독자가 쉽게 복호화할 수 있는 장치—"합쇼체"나 "목례" 등의 문화 코드—를 사용할 것이다. 이번에는 미국인 저자가 미국인 독자에게 텍스트를 쓰는 경우를 가정해 보자. 앞의 경우처럼 "합쇼체"나 "목례" 등의 코드를 사용할 수 있을까? 아니다. 이런 코드는 미국에서 통용되는 코드가 아니기 때문이다. 효과적인 의사소통을 위해서라면 미국에서 통용되는 코드—"Sir," "Ma'am," "Please," "After you"—를 사용하는 것이 좋다. 만약 미국인 저자가 문화 코드의 차이를 무시하고 "합쇼체"나 "목례" 등의 코드를 사용해 부호화 작업을 시도한다면 미국인 독자와의 의사소통은 실패하게 된다. 의사소통 모형에 의하면 문화 A에서 통용되는 코드는 문화 B로 맥락화되는 과정을 통해 새로운 코드(문화 B에서 통용되는 코드 그러나 문화 A에서 통용되는 코드와 같은 혹은 최대한 비슷한 의미의 코드)로 치환되어야 한다. **의사소통의 목적은 독자가 텍스트에 기록된 내용을 문자대로 따르도록 하는 것이 아니라 문자에 담긴 의미를 따르도록 하는 것이다.** 김근주 교수의 말을 들어보자.

> 영원한 하나님의 진리가 영원하지 않은 특정한 시대와 사람을 통해 드러나고 알려진 것을 기록한 글이 성경이다. 그렇다면 성경을 읽을 때 영원한 진리와 그 진리를 담고 있는 사라지고 바뀌는 매개에 대한 꾸준한 고민과 모색은 필수적이라 할 수 있다. … 구약성경의 경우

지금으로부터 적어도 2000-3000년 전의 시대와 상황을 배경으로 하고 신약성경도 2000년 전 시대를 배경으로 한다는 점에서, 21세기 현실에 성경 본문을 그대로 적용한다는 것은 그야말로 어불성설이다. … 신구약성경을 오늘에 적용하기 위해서는 올바르게 본문을 주석하고 해석하는 일이 필요하며, 이를 위해서는 본문의 배경이 되는 시대를 잘 이해해야 한다. 신구약성경의 본문은 시대 안에 자리하고 있으며, **시대의 옷을 입고** 표현되어 있기 때문이다. … [성경]본문은 고대의 관습과 문화를 배경으로 한다는 점에서 문자적으로 적용되기 어려운 경우가 많다. 후대의 우리가 그 고대 본문을 … 오늘 우리를 향한 말씀으로 읽는다면, 당연히 우리는 그 본문이 지닌 '상징적 의미'가 무엇인지, **시대적 외양을 넘어선** '본질적 의미'가 무엇인지 모색해야 한다.[9]

신구약성경 본문이 "시대의 옷"을 입고 표현되었다는 점을 인식하는 일은 매우 중요하다. 많은 학자들이 지적하는 바와 같이 성경에는 한국 사회에서 통용되는 "시대의 옷"과 다른 "시대의 옷"을 입은 표현들이 다수 사용되었다. 만약 이차 독자가 이를 무시하고 성경에 접근한다면 본인들에게 익숙한 "시대의 옷"으로 성경에 사용된 "시대의 옷"을 해석하여 엉뚱한 해석을 만들 수 있다. 이와 같은 이유로 성경의 맥락화 작업은 성경이 전달하는 의미를 바르게 적용

---

9 김근주, 『나를 넘어서는 성경읽기』 (성서유니온, 2022), 6, 69, 75, 170. 굵은 활자체는 강조를 위해 본인이 첨가했다.

하기 위해 반드시 필요하다.

앞서 언급했던 입맞춤 인사를 예로 들어보자. 21세기의 한국 교회는 서로 입맞춤으로 인사하라는 가르침을 어떻게 적용해야 할까? 문자대로 받아들여 성도들끼리 입맞춤을 해야 할까? 그럴 수 없다. 일차 독자에게 통용됐던 입맞춤은 이차 독자의 시대에 통용되는 입맞춤과 전혀 다른 의미를 내포하고 있다. 우리가 이런 차이를 무시하고 입맞춤 인사를 문자적으로 도입한다면 성경과의 의사소통에 실패하게 된다. 입맞춤 인사는 반드시 아래와 같은 순서로 맥락화 과정을 거쳐야 한다.

⑴ 성경에 사용된 입맞춤 인사의 의미를 그레코-로만 시대의 문화 속에서 찾는다.

⑵ 찾아진 입맞춤 인사의 의미와 동일한 혹은 최대한 비슷한 한국의 문화 코드를 찾는다.

⑶ 찾아진 한국의 문화 코드를 적용한다.

첫 번째 작업은 성경에 사용된 입맞춤 인사에 담겨 있는 의미를 그레코-로만 시대의 문화 속에서 구축하는 일이다. 입맞춤은 그레코-로만 사회에 널리 사용된 인사 방식으로 대상에 따라 여러 가지 종류의 입맞춤이 사용되었다. 하지만 성경이 권하는 인사는 "서로"(ἀλλήλων) 주고받는 입맞춤이다. 여기에는 두 종류의 코드가 담겨 있다. 첫째, 친족이나 친구, 그리고 가까운 지인들 사이에서 행해지던 인사로 **사랑의 코드**를 담고 있다. 둘째, 동일한 사회 지위를 지닌 사람들 사이에서 주고 받았던 인사로 **평등의 코드**를 담고 있다.[10] 그러므로 성경의 입맞춤 인사에 담겨 있는 의미는 **가족들 사이에 주고 받는 사랑**과 **동일한 신분 사이에 존재하는 평등**으로 특정된다.

이렇게 찾은 "시대의 옷"으로 성경의 입맞춤 인사를 조명해 본다면 놀라운 사실을 발견할 수 있다. 초기 기독교 공동체는 **서로 다른 신분을 지닌 사람들 그리고 가족 관계를 벗어난 타인들**이 섞여 있는 집단이었다. 이들은 서로 입맞춤으로 인사할 수 있는 사이가 아니었다. 자유인과 종이 어떻게 서로 입을 맞추나? 가족이 아닌 타인들끼리 어떻게 서로 입을 맞추나? 존비귀천(尊卑貴賤)과 비불외곡(臂不外曲) 사상이 만연했던 그레코-로만 시대에서 상상도 할 수 없는 일이었다. 하지만 바울과 베드로는 이들에게 서로 입맞춤으로 인사하라고 명한다. 이는 가족이 아닌 자들로 구성된 기독교 공동체 안에 **가족 사이에 공유되는 깊은 사랑이 오가야 함**과 서로 다른 신분들로 구성된 기독교 공동체 안에 **신분을 초월하는 평등이 공유되어야 함**을 의지적으로 기억하라는 요구였다. 자유인과 종, 타인과 타인으로 구성된 기독교 공동체에서 채택된 입맞춤 인사는 단순히 서로의 안녕을 묻는 의식이 아니었다. 이는 주변에 널리 퍼져 있던 차별주의와 개인주의 사상에 도전하는 혁명이었다.

---

10 Robert Jewett, *Romans: A Commentary* (Hermeneia; Minneapolis: Fortress, 2007), 972-74; Colin G. Kruse, *Paul's Letter to the Romans* (PNTC; Grand Rapids, MI: Eerdmans, 2012), 573-74; Frank Thielman, *Romans* (ZECNT 6; Grand Rapids, MI: Zondervan, 2018), Rom 16:16.

그레코-로만 시대의 구성원이었던 성도들은 그리스도인이 되기 전에 사회에 만연한 세속적 사상을 따라 한평생을 살았음을 기억해야 한다. 아무리 교회의 구성원으로 부름을 받았다고 할지라도 몸에 깊숙이 스며든 차별주의와 개인주의 사상을 하루 아침에 버리기는 힘들다. 한 집에서 한 평생을 주인과 종으로 살던 두 사람이 예수 공동체의 일원이 되었다고 해서 곧바로 신분을 초월하는 관계로 지낼 수 있었을까? 서로 일면식도 없이 살던 사람들이 곧바로 타인의 벽을 허물고 가족처럼 지낼 수 있었을까? 결코 쉽지 않았을 것이다. 그럼에도 불구하고 그들은 만날 때마다 서로 입맞춤으로 인사해야 했다. 처음에는 무척 어색하고 힘들었을 것이다. 하지만 **모든 성도는 예수님을 통해 하나님의 자녀로 입양된 영적 가족이며, 또한 예수님을 주인으로 섬기는 동일한 신분의 종들이라는 사실**을 기억하며 서로 의지적으로 입을 맞췄다. 함께 주고받는 입맞춤을 통해 가족 사랑과 신분 평등의 문화를 기독교 공동체 안에 구현하기 위해 노력했다. 그렇게 기독교는 세상의 문화를 거슬러 오르며 복음의 문화를 살아냈다. 이것이 입맞춤 인사에 들어있는 시대적 의미이다.

맥락화의 두 번째와 세 번째 작업은 그레코-로만 시대의 입맞춤 인사에 포함된 의미(가족 사랑과 신분 평등)와 동일한 혹은 비슷한 한국의 문화 코드를 찾아 적용하는 일이다. 사실 이 부분이 가장 힘들고 어렵다. 일대일로 대응되는 문화 코드가 없을 경우도 있기 때문이다. 만약 입맞춤 인사와 대응되는 문화 코드가 없을 경우, 지역 교회가 사랑과 평등의 의미를 부여한 새로운 코드를 생성하여 적용하는 것도 대안이 된다. 새로운 코드를 행위 코드로 생성하기 어려운 경우에는 비-행위 코드를 만들어 적용할 수도 있다. 여기에서 중요한 부분은 코드의 모양새가 아니라 모양새에 담겨 있는 의미(가족 사랑과 신분 평등)가 얼마나 잘 구현되는지를 수시로 점검하는 일이다. 만약 우리가 행위만 시행하고, 그 속에 담겨있는 의미를 구현하지 않는다면 우리는 의사소통에 실패하게 된다.

이런 면에 있어서 연동교회, 승동교회, 그리고 금산교회에 얽혀 내려오는 이야기는 시사하는 바가 크다.[11] 연동교회는 양반, 평민, 천민들이 섞여 있던 교회였다. 하루는 담임목사 게일이 천민 출신 고찬익을 초대 장로로 추대하고 광대 출신 임공진을 장로로 세웠다. 그러자 교회에 있던 다수의 양반 교인들이 불만을 품기 시작했고, 결국 연동교회를 빠져나와 묘동교회를 창설했다. 승동교회에서도 비슷한 일이 일어났다. 양반, 평민, 천민들이 섞여 있던 그 교회에서 백정 출신 박성춘이 장로로 선출되었다. 그러자 양반 출신 교인들이 불만을 품고 승동교회를 빠져나와 안동교회를 세웠다. 참으로 안타까운 역사가 아닐 수 없다.

반면에 금산교회에 얽혀 내려오는 이야기는 위에 언급했던 이야기들과 사뭇 다르다. 금산교회는 양반 조덕삼과 그의 머슴 이자익이 함께 힘을 모아 일군 교회이다. 1907년, 하루는 금산교회에서 장로를 선출하는 투표가 있었는데, 양반 조덕삼이 떨어지고 머슴 이자익이 선출되었다. 반상의 신분을 철저히 따지던 당시의 상황을

---

11 아래는 (故)방지일 목사님으로부터 직접 들은 이야기임을 밝힌다.

감안하면 투표의 결과는 교회를 갈라놓는 문제로 발전할 수 있었다. 그러나 양반 조덕삼은 투표의 결과를 하나님의 뜻으로 여겼다. 그래서 그 시로부터 이자익 장로를 도와 교회를 섬기는 일에 더욱 힘을 냈다. 비록 조덕삼은 이자익에게 입맞춤 행위로 인사하지는 않았지만, 그 행위에 담겨 있는 본질적 의미를 삶으로 실천했던 것이다.

익숙한 것에서 익숙하지 않은 것으로 확장

의사소통의 목적이 효과적인 의미 전달이라는 점을 기억하는 일은 중요하다. 이런 맥락에서 성경의 의미를 이차 독자들에게 쉽고 빠르게 전달할 수 있는 방법을 모색하는 일은 권장된다. 일례로 익숙한 것에서 출발하여 익숙하지 않은 것으로 나아가는 방법은 보편적으로 사용되고 있다. 고대의 텍스트에 등장하는 개념이 현대인들이 이미 익숙히 알고 있는 개념과 유사할 경우, 그 유사성을 무시하지 말고 최대한 활용하라는 의미이다. 성경의 저자들도 당시에 널리 알려져 있던 전통을 이용해 하나님의 계시를 전달했음을 앞서 언급한 바 있다. 이제 현대인의 문맥을 고려하며 몇 가지 예를 살펴보자.

삼시와 조신에서 사탄으로

성경에는 사탄(שָׂטָן; Σατανᾶς)이라는 존재가 등장한다. 그는 대표적으로 "고발자," "대적자," 혹은 "참소자"의 역할을 감당한다. 스가랴

3:1-5을 보자.

> [1] 주님께서 나에게 보여 주시는데 내가 보니 여호수아 대제사장이 주님의 천사 앞에 서 있고 그의 오른쪽에는 그를 고소하는(שׂטן) 사탄(השׂטן)이 서 있었다. [2] 주님께서 사탄에게 말씀하셨다. "사탄아, 나 주가 너를 책망한다. 예루살렘을 사랑하여 선택한 나 주가 너를 책망한다. 이 사람은 불에서 꺼낸 타다 남은 나무토막이다." [3] 그때에 여호수아는 냄새 나는 더러운 옷을 입고 천사 앞에 서 있었다. [4] 천사가 자기 앞에 서 있는 다른 천사들에게 그 사람이 입고 있는 냄새 나는 더러운 옷을 벗기라고 이르고 나서 여호수아에게 말하였다. "보아라, 내가 너의 죄를 없애 준다. 이제, 너에게 거룩한 예식에 입는 옷을 입힌다." [5] 그때에 내가 그의 머리에 깨끗한 관을 씌워 달라고 말하니 천사들이 그의 머리에 깨끗한 관을 씌우며 거룩한 예식에 입는 옷을 입혔다. 그 동안 주님의 천사가 줄곧 곁에 서 있었다. (슥 3:1-5)

본문에 등장하는 사탄은 천상 회의에 올라 대제사장 여호수아의 거룩하지 못한 상태를 하나님께 고발하는 역할을 수행하고 있다.[12] 이번에는 요한계시록 12:9-10을 보자.

---

12 Michael R. Stead, *The Intertextuality of Zechariah 1–8* (OTS 506; New York: T&T Clark, 2009), 156–61. Bryan J. Whitfield, *Joshua Traditions and the Argument of Hebrews 3 and 4* (Berlin: De Gruyter, 2013), 135–47.

⁹ 그 큰 용 곧 그 옛 뱀은 땅으로 내쫓겼습니다. 그 큰 용은 악마라고
도 하고 사탄(ὁ Σατανᾶς)이라고도 하는데 온 세계를 미혹하던 자입니
다. 그 용의 부하들도 그와 함께 땅으로 내쫓겼습니다. ¹⁰ 그때에 내
가 들으니 하늘에서 큰 음성이 이렇게 울려 나왔습니다. "이제 우리
하나님의 구원과 권능과 나라가 이루어지고 하나님이 세우신 그리
스도의 권세가 나타났다. 우리의 동료들을 헐뜯는 자(ὁ κατήγωρ), 우리
하나님 앞에서 밤낮으로 그들을 헐뜯는 자(ὁ κατηγορῶν)가 내쫓겼다.
(계 12:9-10)

본문에 등장하는 사탄도 하늘에서 성도들을 헐뜯는 역할을 담
당하고 있다. 그러므로 스가랴와 요한계시록에 등장하는 사탄은 **하
늘에 올라 하나님께 사람의 부정한 상태를 고발하는 역할을 수행하는** 영
적 존재로 이해될 수 있다.¹³

이와 같은 사탄의 기능은 민속 전통에 등장하는 삼시(三尸)와 조
신(竈神)의 기능과 무척 흡사하다. 전통에 의하면 삼시는 사람의 몸
속에 기생하고 있는 세 명의 귀신들—혹은 세 마리의 벌레들(삼시충
[三尸蟲])—로서 사람이 저지르는 악행을 일일이 기록하였다가 경신
일(庚申日)이 되면 하늘에 있는 상제(上帝)에게 올라가 사람의 악행을
낱낱이 보고하는 기능을 수행한다. 그 결과 죄인은 120년으로 지정

---

13 스가랴에 등장하는 사탄과 요한계시록에 등장하는 사탄이 동일한 존재인지
    에 대해서는 학자들마다 의견이 다르다. 하지만 학자들이 모두 동의하는 부
    분은 사탄의 직분을 수행하는 존재는 - 그 존재가 같은 존재인지 다른 존재
    인지 상관없이 - 대적자, 고발자, 참소자의 기능을 담당한다는 점이다.

되어 있던 수명으로부터 죗값만큼 수명 단축을 받는다. 조신(혹은 조왕신[竈王神])은 부엌을 맡아 다스리는 부뚜막 신으로서, 역시 매달 그믐날 밤이 되면 하늘로 올라가 상제에게 가주의 죄를 보고하여 그의 수명을 단축시킨다.

성경의 사탄과 민속 전통의 삼시와 조신 사이에는 유사점이 있다. 모두 하늘에 올라가 절대자 앞에서 죄인들을 참소하는 역할을 감당하는 영적 존재라는 점이다. 그러므로 민속 전통에 노출되어 있는 이차 독자를 만날 경우 삼시와 조신의 개념을 활용해 성경의 사탄을 소개한다면 이해의 진입 장벽을 낮출 수 있다. 물론 이차 독자에게 유사성만 말하면 안 된다. 성경의 사탄은 민속 전통의 삼시나 조신이 아니기 때문이다. 그들은 엄연히 다른 존재들이다. 그러므로 우리가 그들 사이의 유사성만 언급하거나 혹은 유사성을 필요 이상으로 강조하여 동일한 존재로 둔갑시킨다면 의사소통은 실패하게 된다. 기억하자. 유사성에서 시작했으면 반드시 상이성으로 나아가야 한다. 유사성은 상이성을 말하기 위해 사용하는 시발점일 뿐이다.

반도원의 복숭아에서 생명나무의 실과로

이번에는 좀 더 복잡한 예를 하나 들어보자. 구약성경 창세기 2-3장을 보면 생명나무가 등장한다. 학자들마다 아담의 영생성과 이 생명나무와의 관계에 대해 의견이 분분하다.[14] 혹자는 아담은 본래부터 불멸의 존재로 창조되었기 때문에 그의 영생성과 생명나무

---

14   Douglas Estes (ed.), *The Tree of Life* (Leiden: Brill, 2020)를 참조하라.

는 직접적으로 연결되어 있지 않다고 주장한다. 이 견해에 의하면 생명나무는 상징적 장치일 뿐이다. 혹자는 아담은 필멸의 존재로 창조되었지만 생명나무를 통해 영생으로 초대받았다고 본다. 이 견해에 의하면 아담의 영생성과 생명나무는 직접 연결되어 있다. 후자를 지지하는 학자들 사이에도 의견이 나뉜다. 혹자는 아담이 생명나무의 실과를 한 번 먹음으로 영생을 누리도록 초대받았다고 주장한다(일회 섭취론). 혹자는 아담이 생명나무의 실과를 지속적으로 먹음으로 삶을 연장하도록 초대받았다고 주장한다(지속 섭취론). 질문은 여기에서 멈추지 않는다. 아담은 생명나무의 실과를 먹었을까? 역시 의견이 분분하다. 혹자는 먹기 전에 추방당했다고 주장한다. 이들의 주장에 의하면 생명나무 실과는 아담이 하나님의 시험을 통과하는 댓가로 주어질 선물이었다. 혹자는 먹었지만 불순종의 결과로 영생을 박탈당했다고 주장한다(일회 섭취론). 혹자는 먹었지만 불순종의 결과로 삶을 계속 연장할 수 있는 기회를 박탈당했다고 주장한다(지속 섭취론).

이처럼 다양한 이견이 생성되는 이유는 창세기 2-3장이 아담과 생명나무 실과의 관계를 구체적으로 설명하지 않기 때문이다. 우리는 여기에서 한 가지 자명한 사실을 맞닥뜨린다. 본문은 많은 의미를 담고 있지만 많은 말을 하지 않는다. 그 이유가 무엇일까? 위에 제시된 질문들이 중요하지 않기 때문에 성경 저자가 언급하지 않은 것일까? 물론 그럴 가능성도 있다. 하지만 의사소통 모형은 또 다른 경우의 수를 제시한다. 창세기 저자가 고대 근동 지역에 널리 퍼져 있는 영생의 개념—본인과 일차 독자들은 알고 있으나 이차 독자에게는 가려져 있는 개념—을 가정된 배경지식으로 사용했을 가능성이다. 이럴 경우 고대 근동 지역에 퍼져 있던 생명나무의 개념(혹은 비슷한 개념)을 찾아보는 작업은 유의미하다.

다수의 학자들이 동의하듯 창세기의 생명나무 전통과 유사한 고대 근동 전통은 길가메쉬 서사시이다.[15] 이 서사시에 따르면 주인공 길가메쉬는 영생을 위한 여행을 떠난다. 그리고 수많은 우여곡절 끝에 우트나피쉬팀으로부터 바다의 밑바닥에 젊음을 되돌려 주는 가시과 식물이 자란다는 정보를 얻는다. 영생을 너무 사모한 나머지 발에 무거운 돌을 매달고 깊은 바다 속으로 들어간 길가메쉬. 그는 그곳에서 영생초를 찾아낸다(XI 281-90). 영생초를 들고 뭍으로 올라온 길가메쉬는 그 자리에서 그것을 먹지 않는다. 대신 고향으로 돌아가 마을 사람들과 함께 영생초를 먹을 것을 계획한다(XI 297-300). 하지만 집에 돌아가는 길에 예측하지 못했던 사건이 발생한다. 길가메쉬가 시원한 물에 들어가 쉬고 있는 동안 뱀이 영생초를 훔쳐간다. 뱀은 그것을 먹고 회춘한 반면 길가메쉬는 애통함과 원통함의 눈물을 흘리며 집으로 돌아온다(XI 303-331).

헤르만 오빙크(Herman Obbink)는 길가메쉬 서사시 속에 창세기의 일회 섭취 혹은 지속 섭취 논쟁을 조명해 주는 단서가 있다고 주장

---

15 Sophus Helle (trans.), *Gilgamesh: A New Translation of the Ancient Epic with Essays on the Poem, Its Past, and Its Passion* (New Haven: Yale University, 2021)을 보라.

한다.[16] 우선 오빙크는 길가메쉬가 기회가 있을 때 영생초를 먹지 않고 집으로 가져오려 했던 부분에 주목한다. 만약 그것이 일회 섭취로 불로불사를 얻을 수 있는 식물이라면, 바다에서 나오자마자 영생초를 먹었어야 하지 않았나? 우여곡절 끝에 손에 얻은 그 영생초를 굳이 집까지 가져 가서 먹으려 했던 이유가 무엇일까? 설령 마을 사람에게 나눠줄 선한 의도가 있었더라도 일단 본인의 분량은 미리 먹을 수 있지 않았나? 이런 맥락에서 오빙크는 흥미로운 주장을 한다. 길가메쉬가 건져온 가시과 식물은 영생초나 불사초가 아니라 주기적인 복용을 통해 젊음을 되찾게 되는 회춘초(回春草)였다는 것이다. 길가메쉬는 집에 돌아가 회춘초를 키우며 그것을 자주 복용하려 했고, 그로써 죽음을 정기적으로 극복하려고 했다는 해석이다.

만약 창세기의 저자와 일차 독자들이 서사시에 등장하는 회춘초 전통을 이미 알고 있었다면, 그래서 회춘초가 그들의 공유된 정보—가정된 배경지식—으로 자리잡고 있었다면, 저자가 생명나무 실과의 효력에 대해서 미주알고주알 풀어서 언급하지 않은 이유가 설명된다. 그리고 생명나무의 실과는 일회 섭취가 아니라 반복 섭취를 통해 때에 따라 회춘하도록 돕는 회춘과로 이해될 수 있다. 이와 같은 독법으로 창세기 2-3장을 이해할 경우 **인간은 필멸의 존재로 창조되었지만 생명의 주관자이신 하나님께 온전히 순종함으로 영생의 선물을 지속적으로 공급받는 축복으로 초대된 것으로 이해된다.** 여기서 성경이 순종의 결과가 생명이라는 점을 자주 언급하는 이유도 이와

---

16   Herman Obbink, "The Tree of Life in Eden," *ZAW* 46 (1928): 105-12 (111-12).

무관하지 않을 것이다(신 30:20; 렘 38:20).

그렇다면 아담은 생명나무 실과를 먹었을까? 일부 학자들은 창세기 3:22에 사용된 몇몇 단어들(חיה, פן, גם)을 통해 실과 섭취론을 지지한다.[17] 이들의 주장에 반대하는 학자들도 있다.[18] 내 판단에 의하면 위에 언급한 단어들을 통한 논증은 양쪽 진영의 해석을 부분적으로 지지하기에 결정적인 단서를 제공하지 못한다. 혹시 가정된 배경지식이 다시 한번 도움을 줄 수 있지 않을까? 길가메쉬 서사시에 따르면 길가메쉬는 회춘초를 찾았음에도 불구하고 그것을 먹기 전에 뱀에게 빼앗겨 버린다. 만약 저자와 일차 독자가 이 전통을 알고 있었다면 아담이 생명나무의 실과를 먹지 못했다는 쪽으로 이해했을 가능성이 있다. 물론 저자와 일차 독자들이 정말 이렇게 이해했는지 우리는 알 수 없다. 단지 길가메쉬 서사시를 공유된 배경지식으로 가정할 경우 위에 언급한 제안이 가능해진다는 의미이다.

여기에서 우리는 조심해야 할 부분을 만난다. 성경의 의미는 가시

---

17   Obbink, "The Tree of Life in Eden," 107-108, 110-11; Robert Gordis, "The Knowledge of Good and Evil in the Old Testament and the Qumran Scrolls," *JBL* 76 (1957): 123-38 (134); Terje Stordalen, *Echoes of Eden: Genesis 2–3 and the Symbolism of the Eden Garden in Biblical Hebrew Literature* (CBET 25; Leuven: Peeters, 2000), 230-32, 291; Alan Segal, *Life After Death: A History of the Afterlife in the Religions of the West* (ABRL; New York: Doubleday, 2004), 165-66; Ziony Zevit, *What Really Happened in the Garden of Eden?* (New Haven: Yale University, 2013), 125.

18   Paul Humbert, *Etudes Sur Le Récit Du Paradis et de La Chute Dans La Genèse* (Neuchâtel: Secrétariat de l'Université, 1940), 131-33; James Barr, *The Garden of Eden and the Hope of Immortality* (Minneapolis: Fortress, 1993), 58, 135n.2.

적인 문자와 비가시적인 배경지식으로 구성되어 있지만, 우리에게 확실히 전달된 것은 가시적인 문자뿐이라는 점이다. 이를 기억하는 일은 중요하다. 다시 말해, 가시적인 문자와는 달리 비가시적인 배경지식은 우리에게 숨겨져 있기 때문에 항상 신중하게 구축한 후 문자에 조심스럽게 접목시켜야 한다. 만약 우리가 배경지식을 문자에 접목하는 과정에서 문자의 확실한 의미를 무시하거나 왜곡한다면, 그리고 우리가 사용하는 배경지식이 성경의 저자가 사용했던 배경지식이라고 무작정 확신한다면, 타당하고 건전한 의사소통은 실패하게 된다. 이차 독자인 우리는 성경의 배경지식을 문자에 접목하되 과도하지 않게, 텍스트의 전체 문맥을 살피며, 겸손하게 작업해야 한다.

다시 생명나무 실과 이야기로 돌아가보자. 나무의 실과를 지속 섭취론으로 이해할 경우 삼천갑자 동방삭 설화는 이차 독자들에게 생명나무 실과를 쉽게 설명하는 데 도움을 줄 수 있다. 동방삭 설화에 따르면 신녀 서왕모는 곤륜산의 반도원에서 복숭아 나무를 키웠다. 이 나무는 3천 년 만에 꽃이 피고 다시 3천 년 만에 열매를 맺는 기이한 나무로 신기한 복숭아를 배출했다. 복숭아에는 신력이 깃들어 있어서 한 개만 먹으면 1만 8000년의 생명을 연장시켜주는 능력이 있었다. 설화에 따르면 동방삭은 반도원에 세 차례나 숨어들어가 복숭아를 10개나 훔쳐 먹었다. 그 결과 삼천갑자, 즉 18만 년을 살게 되었다고 한다. 반도원의 복숭아와 생명나무 실과 사이에는 유사한 부분이 있다. 둘 다 지속적인 섭취를 통해 삶을 연장시킬 수 있다는 점이다. 그러므로 동방삭 설화를 이미 알고 있는 한국인들에게 반도원의 복숭아를 활용하여 생명나무 실과의 효력을 소개한다면 어떨까? 반복 섭취론을 따르지 않는다 해도, 생명나무의 실과를 이해할 수 있는 여러 관점들 중 하나로 반복 섭취론을 소개할 때 동방삭 설화를 사용할 수 있다.

정리하기

해석에서 적용까지

의사소통 모형의 목적을 한 문장으로 정의하자면 저자에 의해 생성되었고, 텍스트 안에 부호화되었으며, 일차 독자에게 전달된 의미를 이차 독자를 위해 복호화하는 작업이다. 이 목표를 위해 우리가 밟아야 할 과정을 순서대로 나열하자면 아래와 같다.

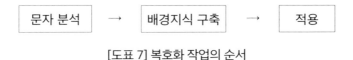

[도표 7] 복호화 작업의 순서

첫 번째 순서는 성경에 사용된 문자, 곧 텍스트를 분석하는 일이다. 의사소통 모형에 의하면 저자는 본인의 의도를 숨기지 않고 일차 독자가 이해할 수 있도록 텍스트에 부호화한다. 일차 독자가 텍스트를 읽고 그 안에 담겨 있는 의미대로 반응할 것을 요구하기 위함이다. 그러므로 저자가 고인이거나 미상이라 할지라도 텍스트 분석을 통해 성경의 의미를 복호화할 수 있다.

두 번째 작업은 성경에 사용된 배경지식을 구축하는 일이다. 의사소통 모형에 따르면 텍스트의 의미는 가시적 문자와 비가시적 배경지식으로 이루어져 있다. 이차 독자는 텍스트 분석과 더불어 텍스트에 가정되어 있는 배경지식(이차 독자에게는 숨겨진 배경지식)을 구축함으로써 텍스트의 의미를 더욱 구체적으로 복호화할 수 있다.

세 번째 작업은 복호화된 의미를 이차 독자의 삶에 적용하는 일이다. 의사소통 모형에 의하면 일차 독자와 이차 독자 사이에는 문화 코드의 차이가 있다. 이차 독자는 성경을 적용하기 전에 맥락화 과정을 통해 코드 치환 작업을 해야 한다. 의사소통의 목적은 성경 텍스트를 문자대로 행하는데 있지 않고 텍스트에 담겨진 본질적 의미를 행하는 데 있음을 기억해야 한다. 이차 독자는 진입 장벽을 낮추고 효과적인 의미 전달을 위해 "익숙한 것에서 익숙하지 않은 것으로 확장" 방법을 활용할 수 있다.

바른 자세

끝으로 성경 해석에 필요한 가장 중요한 미덕은 겸손함이다. 이미 언급했던 것처럼 의사소통 모형에도 한계가 있다. 예컨대 텍스트를 통해 저자와 일차 독자를 유추할 수 없는 경우도 있고, 설령 유추했다 할지라도 그들이 살았던 시대의 배경지식을 완전히 복구할 수 없는 경우도 있다. 게다가 일차 독자들이 사용했던 문화 코드와 동일하거나 비슷한 문화 코드를 21세기의 문화 속에서 찾지 못하는 경우도 발생한다. 이런 한계는 의사소통 모형도 여전히 발전 가능성이 있는 미완성의 모델이라는 점을 의미한다. 그럼에도 불구하고 의사소통 모형이 기독교 진영에서 긍정적인 평가를 받는 이유는 저자, 청중, 텍스트의 세상을 모두 고려하는 균형 잡힌 접근을 시도하고, 성경을 역사적으로 해석하고 초월적으로 적용할 수 있는 규칙을 제공하기 때문이다. 우리는 이런 사실을 기억하며 겸손하게 그리고 다른 방법론에 열린 마음으로 복호화 작업에 임해야 할 것이다.

다음 장으로

제4장은 의사소통 모형이 무엇이고, 이 모형이 기존의 모형들—저자 중심의 접근법, 텍스트 중심의 접근법, 청중 중심의 접근법, 절충형 모델—과 다른 점이 무엇인지 소개했다. 제5장은 의사소통 모형을 통해 갈라디아서 4:1-7에 접근함으로써, 의사소통 모형이 성경 텍스트에 적용되는 예제를 소개한다. 갈라디아서 본문을 선택한 이유는 세 가지이다.

첫째, 텍스트 분석만으로는 본문을 이해하는 데 어려움이 따른다. 둘째, 21세기의 독자가 이미 알고 있는 익숙한 요소들 그러나 맥락화 작업을 하지 않으면 잘못 이해할 수 있는 요소들이 들어 있다. 셋째, 명령문이 전혀 사용되지 않았기 때문에 21세기의 독자들이 적용할 수 있는 포인트를 찾기 어렵다. 이와 같은 이유로 갈라디아서 본문을 의사소통 모형을 테스트하는 데 적절한 본문으로 판단했다.

제5장

해석하고 적용하기

"하지만 솔라 문자 정신을 수용하는 데 있어 반드시 기억해야 할 부분이 있다. 성경 텍스트에 담겨 있는 의미는 가시적 문자와 비가시적 배경지식으로 구성되어 있지만, 우리에게 확실히 전달된 것은 문자라는 점이다. 문자와는 달리 배경지식은 우리에게 숨겨져 있다. 그리고 문자와는 달리 배경지식은 불확실하다. 그러므로 배경지식을 찾기 위해 문자를 소홀히 여기거나, 배경지식을 과도하게 적용하여 문자가 명시적으로 전달하는 의미를 왜곡해서는 안 된다. 우리가 피해야 할 자세는 솔로/누다 문자 정신뿐만 아니라 배경지식을 문자 위에 위치시키는 족반거상의 정신이다."

갈라디아서 4:1-7

들어가며

이번 장에서는 의사소통 모형을 통해 갈라디아서 4:1-7을 해석하고 삶에 적용하는 작업을 시도한다. 작업 순서는 앞서 제4장에 소개했던 대로 '문자 분석 → 배경지식 구축 → 이차 독자 적용'을 따르도록 하자. 안타깝게도 지면 관계상 본문의 구체적인 주해는 담을 수 없음에 양해를 구한다.[1] 우리는 본문의 흐름을 간략히 분석한 후, 본문을 구성하고 있는 배경지식을 구축할 것이다. 그 후에는 본문의 가르침을 이차 독자들의 삶에 어떻게 적용할 수 있는지에 대해 논의해 보도록 하자.

문자 분석

갈라디아서 본문[2]을 보자.

> [1] 내가 또 말합니다. 유업을 이을 사람은 모든 것의 주인이지만 어릴 때에는 종과 다름이 없고 [2] 아버지가 정해 놓은 그때까지는 보호자

---

1 이번 장에서 본문을 구체적으로 주해하는 일은 불가능하다. 주해를 위해서는 본문의 사본 및 원문 분석을 시작으로 본문이 근접 및 원격 문맥과 어떻게 연결되어 있는지 등을 모두 다루어야 하기에 소책자 한 권의 분량이 필요할 것이다.
2 아래에 인용된 본문은 『새번역』을 토대로 몇 가지 단어들을 그리스어에 맞춰 수정한 것임을 밝혀 둔다.

와 관리인의 지배 아래에 있습니다. [3] 이와 같이 우리도 어릴 때에는 세상의 유치한 교훈 아래에서 종노릇을 하였습니다. [4] 그러나 기한이 찼을 때에 하나님께서는 그의 아들을 보내셔서 여자에게서 나게 하시고 또한 율법 아래에 놓이게 하셨습니다. [5] 그것은 율법 아래에 있는 사람들을 속량하시고 우리로 하여금 자녀의 자격(τὴν υἱοθεσίαν)을 얻게 하시려는 것이었습니다. [6] 그리고 여러분은 자녀(υἱοί)가 되었으므로 하나님께서 그 아들의 영을 우리의 마음에 보내 주셔서 우리가 하나님을 "아바, 아버지"라고 부를 수 있게 하셨습니다. [7] 그러므로 여러분 각 사람은 이제 종이 아니라 자녀(υἱός)입니다. 자녀(υἱός)이면 하나님께서 세워 주신 상속자이기도 합니다. (갈 4:1-7)

바울은 "세상의 유치한 교훈" 아래에서 종노릇 하던 갈라디아의 성도들이 "하나님"과 "그의 아들," 그리고 "그 아들의 영"을 통해 "자녀의 자격"을 얻어 하늘의 "상속자"가 되었다는 주장을 펼친다. 그의 주장은 비교와 비유라는 문학 장치와 원인과 결과라는 인과구조를 통해 전달된다. 이를 고려하여 본문의 흐름을 정리해보자.

실례: 보호자와 관리인의 지배 아래에 있는 (그래서 종과 다름없는)

사람들 (1-2절)

실례의 적용 (3-5절)

이 세상의 유치한 교훈 아래에서 종살이를 하던 사람들 (3절)

기한이 찼을 때에 하나님께서 당신의 아들을 보내심 (4절)

하나님께서 율법 아래에 있는 사람들을 속량하고 자녀의 자격을
얻게 하심 (5절)

실례의 결과: 사람들이 자녀의 신분으로 하나님을 "아바, 아버지"라
부르는 상속자가 됨 (6-7절)

하지만 본문을 그리스어 원문으로 보면 바울의 가르침을 온전
히 이해하기 어렵다는 점을 발견하게 된다. 가장 먼저 지목할 수 있
는 난제는 바울이 남성 관련 그리스어만 사용했다는 점이다. 예컨
대 본문에 "자녀"라고 번역된 그리스어(υἱός, υἱοί)는 각각 '아들'과 '아
들들'을 뜻한다. 그리고 "자녀의 자격"이라고 번역된 그리스어(τὴν
υἱοθεσίαν [υἱοθεσία])도 '입양된 아들'을 의미한다.[3] 본문을 신중히 살펴
봐도 '딸'을 의미하는 그리스어(θυγάτηρ, θυγατέρες)나 '입양된 딸'을 지
칭하는 그리스어(θυγατροθεσία, τεκνοθεσία)는 등장하지 않는다. 바울의
글을 문자대로 이해하면 하나님께서 남자들만 입양하여 당신의 아
들들을 삼으신다는 독법이 가능하다는 의미이다.

바울이 딸은 언급하지 않고 아들만 언급한 이유는 무엇일까? 바
울이 양녀의 자격은 언급하지 않고 양자의 자격만 언급한 이유는
무엇일까? 안타깝게도 본문은 침묵한다. 혹시 일차 독자들(갈라디아
지역에 살고 있는 성도들)에게도 침묵했을까? 아니다. 우리를 궁금하게 하

---

3   James M. Scott, *Adoption as Sons of God: An Exegetical Investigation into the
     Background of YIOΘEΣIA in the Pauline Corpus* (WUNT 2.48; Tübingen:
     Mohr Siebeck, 1992), 2-57.

는 요소들은 바울과 일차 독자들 사이에 공유되어 있던 가정된 배경지식이기 때문이다.

배경지식 구축: 남성 관련 용어

왜 바울은 남성과 관련된 용어만 사용했을까? 혹시 하나님께서 남자들만 선호하신다는 의미인가? 1세기의 그레코-로만 사회에서는 여자들은 거의 입양되지 않았는데―전혀 입양되지 않았다고 주장하는 학자들도 있는데―바울도 이 문화에 편승한 것일까? 그렇지 않다. 이와 같은 해석은 바울신학 속에서 자체 충돌을 일으킨다. 바울은 하나님께서 남녀 구별없이 모든 사람을 자녀로 부르신다는 점을 다른 여러 곳에서 주장했다. 여기서 바울이 남성과 관련된 용어만 사용한 이유에는 다른 설명이 필요하다.

캐슬린 콜리(Kathleen Corley)는 그레코-로만 시대에 널리 퍼져 있었던 가부장제의 관점으로 바울의 용어를 해석해야 한다고 주장한다.[4] 콜리의 주장에 따르면 바울이 "입양된 아들"(υἱοθεσία)이라는 그리스어를 사용한 이유는 **딸이 하나님의 자녀로 입양되는 과정에 남성성을 부여받는 추가 승급 과정이 포함되어 있음을 피력하기 위함이다.** 즉, 여성이 남성성을 부여받은 후에 아들처럼 입양되어 아들과 동일한 위치에 서게 된다는 의미이다.

---

4   Kathleen Corley, "Women's Inheritance Rights in Antiquity and Paul's Metaphor of Adoption," in *A Feminist Companion to Paul* (ed. Amy-Jill Levine; FCNTECW 6; London: T&T Clark, 2004), 98-121.

남자 입양: 종 → 양자로 입양

여자 입양: 종 → 남자와 동일한 신분을 부여 → 양자처럼 양녀로 입양

에린 M. 하임(Erin M. Heim)은 콜리의 독법이 가부장제를 기피하는 현대인들에게 비판을 받을 가능성이 있다고 말한다.[5] 하지만 바울이 살았던 시대가 가부장제로 구동되었다는 점을 고려할 때, 콜리의 독법은 적절하고 설득력이 있다고 평가한다.[6]

콜리의 독법을 조금 더 풀어서 설명해보자. 바울이 "입양된 아들"이라는 그리스어를 통해 성도(남자와 여자 성도)의 입양을 설명한 이유는 하나님께서 여자를 입양하실 때 남자보다 낮은 위치로 입양하시지 않고, 남자와 동등한 위치로 입양하신다는 점을 강조하기 위함이다. 여자가 남자가 된다는 의미가 아니다. 여자와 남자 사이에 있는 성별이 상쇄된다는 의미도 아니다. 대신 남자와 여자가 차별적으로 입양되는 세상과 달리 하나님의 나라에는 그 어떤 차별도 없이 남자와 여자가 동등한 위치로 입양된다는 의미이다. 그레코-로만 시대의 입양 문화의 기저에 있는 가치가 남존여비라면, 하나

---

5   Erin M. Heim, *Adoption in Galatians and Romans: Contemporary Metaphor Theories and the Pauline* Huiothesia *Metaphors* (BIS 153; Leiden: Brill, 2017), 21-22.

6   참고로 바울이 살던 주후 1세기 무렵에는 집안의 가장인 남자(아버지)에게만 입양권이 있었다. 여자에게 입양권이 주어진 때는 많은 세월이 지난 주후 291년 이후였다. 그때도 아주 특별한 경우가 아니면 여자의 입양권은 인정되지 않았다.

님의 입양 문화의 기저에 있는 가치는 예수 그리스도의 보혈이다.

잠시 그레코-로만 시대의 개념으로 바울의 용어 선택을 생각해보자. 만약 바울이 본문에 "아들"과 "딸" 그리고 "입양된 아들"과 "입양된 딸"이라는 용어를 모두 사용해 하나님의 입양을 설명했다면 어땠을까? 그레코-로만 시대의 독자들은 입양된 하나님의 아들과 딸의 관계를 본인들의 가치관으로 이해했을 가능성이 있다. 이럴 경우 하나님께 입양된 아들과 딸들 사이에도 남존여비와 같은 신분의 차별이 존재한다는 오독의 가능성에 노출된다. 이는 바울의 의도가 아니다. 그러므로 바울은 남성과 관련된 용어로 남자와 여자의 입양을 모두 설명함으로써 오해의 발생 가능성을 원천적으로 봉쇄했다. 바울의 용어는 하나님의 입양은 여성에게 남성과 동일한 신분을 부여한 후 아들과 같은 가치로 입양함으로 양녀를 양자와 동일한 위치에 서게 한다는 점을 명시한다. 그 결과 입양된 딸과 아들 사이에 그 어떤 차별도 없음이 강조되었다.[7]

이제 바울이 사용한 남성 관련 용어에 대해 정리해보자. 본문에 사용된 "자녀"(υἱός, υἱοί)는 문자적으로 '아들'과 '아들들'을 의미한다. 그러나 의미적으로는 '딸과 아들'을 뜻한다. 그리고 신학적으로는 '하나님의 나라에는 여자와 남자 사이에 그 어떤 신분의 차별도 존재하지 않는다'는 가르침을 담고 있다. 본문에 사용된 "자녀의 자격"(υἱοθεσία) 역시도 마찬가지다. 이 단어는 문자적으로 '입양된 아

---

7   바울이 그의 서신들을 통해 명시하듯 남자와 여자 사이에 직분/기능의 구별은 존재한다. 하지만 신분의 구별은 존재하지 않는다.

들'을 뜻하지만 의미적으로는 '입양된 딸과 아들'을 뜻한다. 그리고 신학적으로는 '하나님의 나라에는 남존여비 사상이 존재하지 않는다'는 가르침을 담고 있다. 그러므로 갈라디아서에 사용된 남성 관련 용어를 근거로 가부장제나 남존여비 사상을 지지할 수 없다. 오히려 여자와 남자의 신분 평등을 지지함이 마땅하다.

배경지식 구축: 입양제

본문이 하나님과 성도의 관계를 친부와 친자의 관계로 설명하지 않고 양부와 양자의 관계로 설명했다는 점도 유의미하다. 바울은 의도적으로 그레코-로만 시대의 입양 언어를 사용함으로 신학적인 메시지를 전달했다고 볼 수 있다.[8] 따라서 본문을 풍성히 이해하기 위해서는 그가 살았던 시대의 양자 제도를 이해할 필요가 있다.

그레코-로만 시대에는 세 가지 형태의 입양 제도가 존재했다. 첫째는 친아버지의 권위로부터 이미 독립한 아들(*sui iuris*)이 새아버지의 권위(*Patria potestas*) 아래 종속되는 입양(*adrogatio*)이다. 둘째는 친아버지의 권위에 종속되어 있는 아들(*alieni iuris*)이 그의 권위로부터 벗어나 새아버지의 권위 아래 종속되는 입양(*adoptio*)이다. 나머지 하나는 친아버지가 유언장을 통해 양자를 세우는 입양(*adoptio testamentar-*

---

8   Erin M. Heim, "Adoption," in *Dictionary of Paul and His Letters: A Compendium of Contemporary Biblical Scholarship* (ed Lynn H. Cohick and Nijay K. Gupta; 2nd ed.; InterVarsity, 2023), 11-15 (13)를 참고하라. 바울의 입양 언어는 롬 8:15; 9:4; 갈 4:5; 엡 1:5에서 찾아볼 수 있다.

ia)이다.[9] 바울이 본문에 근거한 입양 제도가 무엇인지에 대해서는 학자들마다 의견이 분분하다. 각 입양 제도마다 바울의 사상을 부분적으로 설명할 수 있는 요소가 있기 때문이다. 그러므로 한 가지 형태의 입양 제도를 특정하여 바울의 사상을 해석하기보다는 각 문맥에 맞추어 경우의 수를 따져보는 것이 건설적이다. 일례로 **아답티오**(*adoptio*)를 통해 본문을 조명해 보자.

아답티오는 아버지가 아들을 세 번 팔면 아들은 아버지의 권위에서 완전히 풀려난다는 로마 초기의 법전에 근거한 입양 제도이다.[10] 고대의 자료를 근거로 **아답티오** 의식을 재구성하면 다음과 같다. 첫째, 친아버지, 새아버지, 아들, 양수인(*familiae emptor*), 그리고 치안관(*praetor*)이 한 자리에 모인다. 둘째, 친아버지는 아들을 본인의 권위에서 해방하는 의식(*mancipati*)을 통해 양수인에게 아들을 판다. 셋째, 친아버지로부터 아들을 넘겨받은 양수인은 그 자리에서 바로 아들을 풀어준다(*manumission vindicta*). 풀려진 아들은 친아버지에 의해 아

---

9   세 종류의 입양제도에 대한 구체적인 내용을 보기 원한다면 다음의 연구물들을 참고하라: Lene Rubinstein, *Adoption in IV. Century Athens* (OG 34; Copenhagen: Museum Tusculanum, 1993), 117-25; George Mousourakis, *Fundamentals of Roman Private Law* (Heidelberg: Springer, 2012), 92; Hugh Lindsay, *Adoption in the Roman World* (Cambridge: Cambridge University, 2009); Paul J. du Plessis, *Borkowski's Textbook on Roman Law* (6th ed.; Oxford: Oxford University, 2020), 135-39.

10   12표법(IV. 2b)을 보라. 로마법에 따르면 딸은 오직 한 번 파는 절차를 통해 아버지의 권위에서 완전히 풀려나게 된다. 이는 남성의 가치가 여성의 가치보다 높게 여겨졌던 그레코-로만 시대의 가부장적 가치관과 남존여비 사상을 반영한다.

직 세 번 팔리지 않았기 때문에 친아버지의 권위 아래로 들어간다. 넷째, 친아버지는 아들을 양수인에게 다시 팔고, 양수인은 아들을 다시 풀어준다. 두 번 풀린 아들은 아직도 세 번 팔린 것이 아니기에 친아버지의 권위 아래로 다시 들어간다. 다섯째, 친아버지가 아들을 양수인에게 다시 한번 팔면 양수인은 아들을 친아버지에게 되돌려주는 의식(*remancipatio*)을 밟는다. 여섯째, 이때 아들을 입양하고자 하는 새아버지가 등장하여 치안관 앞에서 친아버지로부터 아들을 주장하는 의식(*vindicatio*)을 치른다. 일곱째, 아들을 세 번 팔았던 친아버지는 로마법에 따라 더 이상 아들을 주장할 권리가 없기에 새아버지에게 아들을 넘긴다. 그때 친아버지에게 있었던 아들에 대한 모든 권리도 새아버지에게 함께 넘어간다. 이때부터 아들은 친아버지의 권리로부터 자유해지고 새아버지의 권리에 종속된다. 이것이 그레코-로만 시대에 행해진 **아답티오**이다. 이와 같은 배경지식은 바울이 입양 언어를 통해 하나님과 성도의 관계를 묘사한 이유를 이해할 수 있는 폭을 넓힌다. 세 가지의 가능성을 예로 들어보자.

첫째, 바울의 입양 언어는 성도의 혜택을 가정한다. 로마의 법에 따르면 **아답티오** 의식을 통해 입양된 양자는 입양되는 순간 그동안 해결하지 못했던 부채를 모두 탕감받고, 새아버지의 가족이라는 새로운 신분을 얻으며, 새아버지의 유산을 받을 상속자가 된다.[11] 환골탈태의 새로운 인생이 시작되는 셈이다. 이는 하나님 아버지께 입양된 성도들도 죄의 부채를 탕감받고, 하나님의 가족이라는 새로운

---

11   Heim, *Adoption in Galatians and Romans*, 142-43.

신분을 얻으며, 하늘의 유업을 받을 상속자가 된다는 신학적 의미로 확장될 수 있다. 바울이 하나님의 양자와 양녀를 가리켜 "하나님께서 세워 주신 상속자"(갈 4:7)로 명명한 데는 이런 이유가 있다.

둘째, 바울의 입양 언어는 성도의 직분을 가정한다. 로마법에 의하면 양자는 입양되는 순간 새로운 직분을 부여받는다. 바로 새아버지의 명예를 위해 사는 일이다. 그레코-로만 시대의 입양 제도는 단지 새아버지가 양자의 빚을 해결해 주거나 그의 신분을 바꾸어 주거나 그에게 재산을 물려주기 위한 장치가 아니었다. 대신 양자에게 새아버지의 이름을 위해 사는 직분을 줌으로써 새아버지의 명예를 높이려는 사회적 장치였다. 이를 위해 양자가 필히 행해야 하는 임무가 있었다. 그중에 가장 으뜸되는 일은 종교적 직무였다. 양아들은 입양되는 순간 옛가정에서 섬겼던 가택신(家宅神)들(옛아버지를 돕고 있는 수호신[genius]과 옛가족의 터와 연결되어 있는 지역신들[lares])을 모두 버려야 했다. 그 후에는 새가정이 섬기는 가택신들(새아버지의 수호신과 지역신들)을 섬겨야 했다. 양자의 종교적 삶에도 환골탈태가 일어나는 셈이다. 종교의 환골탈태는 로마 사회가 매우 중요하게 여긴 관습으로서 입양된 아들이 마땅히 수행해야만 하는 의무요, 특권이었다. 이는 입양된 성도들은 반드시 예전에 섬기던 신들을 버려야 하고, 성부 하나님의 명예를 위해 성부께서 지정해주는 신(삼위일체 하나님: "하나님"[4, 6절], "그의 아들"[4절], "그 아들의 영"[6절])만을 섬겨야 한다는 신학적 의미로 확장될 수 있다. 과거의 모든 신들을 버리고 오직 삼위일체 하나님만 섬기는 자세는 입양된 성도의 의무이자 특권이다.

셋째, 바울의 입양 언어는 성도와 과거의 새로운 관계를 가정하고 있다. 아답티오 의식에 따르면 양자는 옛아버지의 권위에서 온전히 벗어나 새아버지의 권위 아래에서 보호를 받는다. 옛아버지는 더 이상 양자를 주장할 수 없다. 오직 새아버지만 양자를 주장할 수 있다. 이런 개념은 입양 전에 성도를 주장하고 있던 대상이 입양 후에는 주장할 수 없다는 신학적 의미로도 확장될 수 있다. 갈라디아서 4:3에 따르면 "이 세상의 유치한 교훈"(τὰ στοιχεῖα τοῦ κόσμου)이 입양 전 성도들을 주장하고 있었다. 이 표현이 무엇을 의미하는지에 대하여 학자들 사이에서 의견이 분분하다. 『새번역』의 경우 각주를 통해 번역의 경우의 수가 많다는 점을 명시했을 정도다: "세상의 원소들, 세상의 세력들, 세상의 자연력, 우주의 원소들의 힘, 기초적 원리들, 자연숭배, 원시종교 등등으로도 번역할 수 있음." 비록 이 표현이 무엇을 의미하는지 특정하는 일은 어렵지만 본문이 확실히 말하는 한 가지 사실이 있다. "이 세상의 유치한 교훈"이 무엇이든지 상관없이 그것은 더 이상 성도를 주장할 수 없다는 점이다.[12]

이차 독자의 적용: 맥락화 작업과 익숙한 것의 활용

본문에는 현대인들이 이미 잘 알고 있는 개념—그러나 맥락화 작업을 필요로 하는 개념—이 등장한다. 바로 입양이다. 현대에도

---

12 결국 바울은 이런 논증을 통해 "그 무력하고 천하고 유치한 교훈으로 되돌아가서, 또다시 그것들에게 종노릇 하려"(갈 4:9)는 갈라디아 성도들을 돌이키려 한다.

입양의 개념은 있기 때문에 입양제는 이차 독자들이 바울의 입양제를 직관적으로 이해할 수 있도록 돕는다. 하지만 그레코-로만 시대의 입양제와 현대의 입양제 사이에는 무시할 수 없는 차이가 존재하기 때문에 반드시 맥락화 과정을 거쳐야 한다. 프랜시스 라이알 (Francis Lyall)은 현대의 양자제를 바울의 양자제에 그대로 대입하여 바울의 글을 해석하려는 태도를 비판했다.

> 현대 입양의 개념을 바울이 사용한 입양의 개념에 대입해 해석하려는 모든 시도는 바울이 사용한 입양의 비유에 담겨 있는 진실의 깊이를 드러내지 못한다. 오늘날 시행되는 입양은 신약시대에 알려진 입양이 아니다. 그러므로 바울이 말하는 입양의 의미를 올바르게 이해하기 위해서는 그가 근거하고 있는 법적 개념을 이해할 필요가 있다.[13]

그렇다면 바울이 근거하고 있는 법적 개념이 무엇일까? 우선 1세기의 입양제는 21세기의 입양제와 여러 부분—특히 방법과 목적 부분—에서 차이가 있었다. 예컨대 현대의 입양제는 불임을 해결하기 위한 수단이거나 유기된 아이들의 문제를 극복하기 위한 인도주의 장치로 사용된다. 하지만 고대의 입양제는 새아버지 가문의 명

---

13 Francis Lyall, "The Adoption Metaphor and the Security of the Believer," in *Perspectives on Eternal Security: Biblical, Historical, and Philosophical Perspectives* (ed. Kirk R. MacGregor and Kevaughn Mattis; Eugene, OR: Wipf & Stock, 2009), 90–97 (92).

예와 종교, 그리고 권력을 확고하게 다지기 위한 사회 전략이었다. 그러므로 바울이 언급한 입양제는 성도에게 새로운 신분(하나님의 가족이라는 신분)과 더불어 새로운 직분(하나님의 영광을 위해 살아야 하는 직분)까지 주어졌다는 의미를 수반한다. 1세기와 21세기의 입양제의 차이를 모르는 이차 독자들은 후자로 전자를 이해하려 할 것이다. 그 결과 하나님의 입양에 담겨있는 신학적 의미를 단지 감성적으로 축소시키거나 심지어는 인본주의적으로 왜곡할 수도 있다. 명심하자. 익숙한 것에서 출발한 후에는 반드시 익숙하지 않은 것을 언급해야 한다.

또 하나의 유의미한 차이가 있다. 그레코-로만 시대의 입양제에 따르면 양자는 친자와 동일한 대우(문자대로 모든 면에서 동일한 대우)를 받았다.[14] 21세기에는 양자를 친자와 차별하고 심지어 학대하는 현상이 종종 보도되기도 하지만 그레코-로만 시대에는 찾아보기 힘든 일이었다. 이는 하나님께서 성도를 양자와 양녀로 대하지 않으시고 친자와 친녀로 대하신다는 의미를 수반한다.[15] 놀랍게도 갈라디아서

---

14   Sam Tsang, *From Slaves to Sons: A New Rhetoric Analysis on Paul's Slave Metaphors in His Letter to the Galatians* (SBL 81; New York: Peter Lang, 2005), 55-56을 보라.

15   물론 그렇다고 해서 양자가 친자가 되는 것은 아니다. 양자와 친자 사이에는 엄연히 기원적 차이가 있고 이런 차이는 영원히 바뀌지 않는다. 바울신학은 양자(성도)에게 친자(예수 그리스도)가 누릴 수 있는 아들의 특권이 임한다고만 말하지 않는다. 여기에 하나를 더해 양자는 친자를 통해서만 아들이 될 수 있고 또한 친자를 통해서만 아들의 특권을 누릴 수 있다고 말한다. 그러므로 바울이 사용한 입양 비유는 친자인 예수 그리스도의 중개적 기능에 방

4:5-7을 그리스어로 보면 성도를 지칭하는 호칭이 "양자"(υἱοθεσία)에서 "아들"(υἱός)로 바뀜을 알 수 있다.

> [5] 그것은 율법 아래에 있는 사람들을 속량하시고 우리로 하여금 양자의 자격(τὴν υἱοθεσίαν)을 얻게 하시려는 것이었습니다. [6] 그리고 여러분은 아들(υἱοί)이 되었으므로 하나님께서 그 아들의 영을 우리의 마음에 보내 주셔서 우리가 하나님을 "아바, 아버지"라고 부를 수 있게 하셨습니다. [7] 그러므로 여러분 각 사람은 이제 종이 아니라 아들(υἱός)입니다. 아들(υἱός)이면 하나님께서 세워 주신 상속자이기도 합니다. (갈 4:5-7)

바울은 양자에서 아들로 호칭을 바꾼다. 그 이유가 무엇일까? 양자는 친자와 동일한 대우를 받는다는 그레코-로만 시대의 입양제가 바울의 생각 속에 자리잡고 있었기 때문은 아닐까? 충분히 가능한 일이다.

이차 독자의 적용: 비명령어를 통한 행동 유발

갈라디아서 본문에는 명령어가 하나도 등장하지 않고 사실을 진술하는 문장들만 나온다. 하지만 의사소통 모형에 따르면 하나님

점을 찍는다. 이런 차이는 요한신학에 보다 명시적으로 나타난다. 예컨대 요한은 하나님의 "아들"(ὁ υἱὸς)이라는 표현을 오직 예수님을 지칭하는 데 사용한다. 성도들을 지칭할 때에는 다른 단어들 - 하나님의 "자녀들"(τὰ τέκνα) 혹은 "아이들"(τὰ παιδία) - 을 사용한다.

께서는 명령문이 아닌 문장을 통해서도 독자에게 행동을 유발시키실 수 있다. 그러므로 갈라디아서 본문은 우리에게 유의미한 행동을 요구하고 있을지도 모른다는 가능성을 열어 두어야 한다. 이런 관점으로 본문을 읽으면 표면 위로 떠오르는 몇 가지 행동 강령을 볼 수 있다.

첫째, 본문은 여성을 억압하고 여성의 기본적인 인권이 부인되는 문화 속에 사는 우리에게 성차별 문화의 폐지를 위해 싸울 것을 요구한다. 바울은 본문을 통해 남자와 여자가 하나님의 자녀로 입양될 때, 여자가 남자보다 열등한 신분으로 입양되지 않고 남자와 동등한 신분으로 입양된다는 점을 명시했다. 이는 남자와 여자 모두 "하나님의 형상"으로 지음을 받았다는 창조 원리(창 1:27)와 맥락을 함께한다. 남자와 여자가 모두 "하나님의 형상"이라는 점은—그리고 하나님께서 차별없이 이들을 입양하신다는 점은—바울의 시대나 21세기나 구별없이 통용되는 진리이다. 따라서 성차별 사상(가부장, 남존여비, 남성선호 사상)이 존재하는 문화에 사는 성도들은 비성경적 사상을 철폐하고 여성의 인권 회복을 위해 움직일 것을 요구받는다. 현재 우리는 여성에 대한 저급한 농담과 여성 혐오의 발언이 아무렇지도 않게 강대상에서 표현되는 시대를 살고 있다. 사회를 향해 선지자적 사자후를 발해야 하는 교회가 오히려 성차별 문화를 재생산하는 공간으로 사용되는 셈이다. 이는 심히 부끄럽고 수치스러운 현상이다. 우리는 교회에서부터 성차별 문화를 더욱더 적출해 나가야 한다. 그리고 사회를 향해 복음의 목소리를 내야 한다. 물론

"인간의 편견이 고착화된 특정 제도를 극복하고 평등한 문화를 만들어내는 '노력'과 '실천'을 현실화하는 문제는 매우 어려운 과정"이다. "무엇보다 '근본적'인 인식의 전환이 필요하고, '오래된' 문화적 관성으로 그 힘이 어마어마한 집단적 습관을 멈추는 일이기 때문"이다.[16] 하지만 의사소통 모형으로 이해하는 갈라디아서 본문은 우리에게 그 일을 포기하지 말고 꾸준히 감행할 것을 요구한다. 그리고 바울이 외쳤듯이 그 일은 교회에서부터 시작되어 사회로 흘러가야 한다. 사회보다 못한 교회는 세상의 빛과 소금의 역할을 감당할 수 없다.

둘째, 본문은 우리가 삼위일체 하나님의 영광을 위해 살 것을 명령한다. 그레코-로만 시대에 입양된 양자는 새아버지의 명예를 위해서 살아야 하는 의무를 받는다고 언급했다. 이는 하나님께 입양된 모든 성도들은 시대를 막론하고 하나님의 영광을 최고의 가치로 여기며 살아야 함을 천명한다. 우리가 하나님의 자녀로 입양된 궁극적인 이유는 하나님의 명예가 우리를 통해 드러나도록 하기 위함이다. 바울은 고린도전서 10:31에 이 점을 명시한다.

> 그러므로 여러분은 먹든지 마시든지, 무슨 일을 하든지, 모든 것을 하나님의 영광을 위하여 하십시오. (고전 10:31)

---

16 백소영, "교회 안의 남녀 차별 문제요? 꾸준히 노력해야 합니다," 『길을 찾다』(메이킹북스, 2022), 181-90 (181).

바울이 언급한 "여러분"은 일차적으로 고린도 성도들을 의미한다. 그러나 이차적으로는 현대의 성도들을 포함한다. 우리는 하나님의 영광을 위해 살도록 입양된 양자와 양녀들이기 때문에 무엇을 먹든지 마시든지, 무슨 일을 하든지, 모든 것을 하나님의 영광을 위해 수행함이 마땅하다. 갈라디아서 본문은 고린도전서와 달리 이를 명시적으로 언급하지는 않지만 가정된 배경지식(그레코-로만 시대의 입양제)을 통해 비가시적으로 드러내고 있다. 결국 바울신학은 우리가 숨을 쉬고, 우리의 심장이 뛰는 이유를 하나님의 영광을 드러내기 위함이라고 일관되게 말하는 것이다. 이처럼 본문은 우리의 호흡과 심박동의 이유가 **누구**인지를 살펴보기를 요구한다. 만약 그 "누구"에 삼위일체 하나님이 아닌 다른 존재들 혹은 대상들이 자리 잡고 있다면 그 자리를 다시 삼위일체 하나님께 돌려드림이 마땅하다.

"오직 문자"를 넘어서는 성경 읽기

솔라 문자 정신, 솔로/누다 문자 정신

성경 해석에서 가시적 문자(성경 텍스트)는 지배적인 지위를 누려오고 있다. 하지만 우리는 지금까지의 논의를 통해 텍스트의 의미는 가시적 문자와 더불어 비가시적 배경지식으로 구성되어 있다는 점을 살펴보았다. 논의한 바에 의하면 배경지식은 텍스트의 의미 구성에 보이지 않게, 그러나 유의미하게 관여한다. 하지만 안타깝게도 배경지식을 고려하며 성경을 해석해야 한다는 인식이 한국교회에 결여되어 왔다. 문자만 중요하다고 생각하는 **솔로/누다 문자 정신**으로 인해 배경지식을 함께 고려하는 **솔라 문자 정신**은 여전히 주변부를 배회하고 있다. 나는 현주소를 개선하자는 취지로 가시적 문자와 비가시적 배경지식의 관계는 결코 양자택일의 관계가 아니라 양자택이의 관계임을 피력했다. 바른 성경 해석을 위해 어느 한쪽에 치우치지 않고 양자를 겸비하는 자세는 우리에게 솔로/누다 문자 정신을 넘어 솔라 문자 정신으로 나아갈 것을 요구한다.

솔라 문자 정신의 수용이 문자의 권위를 폐기함을 의미하지 않는다. 대신 솔로/누다 문자 정신이 당면한 한계를 보완함으로 텍스트의 의미를 더 풍성히 복호화하는 데 의미가 있다. 세계관과 서사적 토양의 차이로 인해 고대의 문서는 결코 21세기의 정의에 귀속될 수 없다. 고대의 문서는 과거의 정의에 귀속되며, 이는 고대의 세계관과 서사적 토양을 통해 성경의 배경지식을 채취함이 마땅함을 의미한다. 우리는 고대근동과 그레코-로만 시대의 문화로부터 길어올 수 있는 배경지식의 풍부한 자양을 우리 앞에 펼쳐져 있는 성경 텍스트(많은 의미를 담고 있지만 많은 말을 하지 않는 텍스트)와 함께 연구함으로써 텍스트의 의미를 바르게 복호화해야 한다. 이것이 성경의 양면성을 존중하는 솔라 문자정신이 추구하는 길이다.

조심해야 할 부분

솔라 문자 정신을 수용하는 데 있어 반드시 기억해야 할 부분이 있다. 성경 텍스트에 담겨 있는 의미는 가시적 문자와 비가시적 배경지식으로 구성되어 있지만, 우리에게 확실히 전달된 것은 문자라는 점이다. 문자와는 달리 배경지식은 우리에게 숨겨져 있다. 그리고 문자와는 달리 배경지식은 불확실하다. 그러므로 배경지식을 찾기 위해 문자를 소홀히 여기거나, 배경지식을 과도하게 적용하여 문자가 명시적으로 전달하는 의미를 왜곡해서는 안 된다. 우리가 피해야 할 자세는 솔로/누다 문자 정신뿐만 아니라 배경지식을 문자 위에 위치시키는 족반거상의 정신이다. 앞서 언급했다시피 문자는 성경 해석에서 지배적인 지위를 누려오고 있다. 우리는 그 지위를 존중해야 한다. 우리가 배경지식의 중요성을 강조하는 이유는 그동안 솔로/누다 문자 정신이 독보적이었던 반면, 배경지식을 고려하는 정신은 결여됐었기 때문이다. 이제는 균형을 맞출 때이다. 그리고 그 균형은 전달된 가시적인 문자를 최고로 존중하며 배경지식을 신중히 구축할 때 맞춰진다.

다음 장으로

제5장은 의사소통 모형을 성경 해석에 적용하는 사례를 갈라디아서 4:1-7을 통해 소개했다. 제6장은 의사소통 모형의 한계—더 정확히 말하자면, 모든 모형들이 마주하는 한계—가 무엇인지를 살펴본다. 고대 문서와 이차 독자 사이에 벌어져 있는 간격은 거대하다. 그 간격의 거대함은 어떤 해석 모형으로도 메울 수 없다. 그래서 해석의 한계가 무엇인지 직시하는 일은 우리의 현주소가 어디에 있는

지, 그리고 우리가 나아가야 할 방향이 어디를 향하는지를 가늠하는 데 도움이 된다. 제6장을 통해 바른 성경 해석을 위해 넘어야 할 산들—하팍스 레고메나, 이문, 언어유희, 문법, 수사법, 구두점, 케티브와 케레, 장르—을 솔직히 마주하고, 그 산들을 넘기 위해 필요한 자세가 무엇인지 살펴보고자 한다.

제6장

이상과 현실 사이

"성경을 온전히 이해하기 위해서 넘어야 할 산들이 너무 많다. 앞서 언급했던 장애물들이 빙산의 일각이라는 점을 감안해 본다면 **완전한 성경 해석은 불가능**이라고 해도 과언이 아니다. 우리는 성경이 모든 것들에 대해, 정말로 모든 것들에 대해 명쾌하게 설명해 주기를 바란다. 그래서 성경을 '정답기계'(Answer machine)처럼 대하기도 한다. 하지만 우리가 마주하는 현실은, 비록 인정하고 싶지 않다 할지라도, 성경이 모든 것을 명쾌하게 설명해 주지 않는다는 사실이다. 성경과 이차 독자 사이에 자리 잡고 있는 해석의 공백(언어, 역사, 시간, 사회, 문화의 공백)이 크기 때문에 성경의 가르침은 때때로 난해하고 모호하다."

넘어야 할 산들

교회에서 의사소통 모형을 가르치다 보면 성도들로부터 가끔씩 이런 피드백을 받는다. "정말 신기하네요. 의사소통 모형이 성경 해석의 비밀 열쇠처럼 느껴집니다." 정말로 성경 해석의 비밀 열쇠가 있을까? 있다면 그 열쇠가 의사소통 모형일까? 안타깝게도 성경 해석의 비밀 열쇠는 없다. 의사소통 모형을 지지하는 나조차도 이 모형이 성경 해석의 비밀 열쇠라고 생각하지 않는다. 이미 수차례 언급했듯이 모든 해석 모형에는 한계가 있다. 그 한계는 성경과 이차 독자 사이에 존재하는 공백(시간, 공간, 언어, 문학, 문화의 공백)으로 인해 발생하는데, 이 공백은 어떤 해석 모형으로도 온전히 메울 수 없을 만큼 거대하다.

하지만 성경과 우리 사이에 벌어진 공백이 아무리 크다 할지라도 성경 해석을 결코 포기할 수는 없다. 넘어야 할 산이 많다는 사실은 포기의 이유가 아니라 도전의 이유가 된다. 우리는 지속적으로 건전하고 타당한 해석법을 개발하며 산을 넘고 또 넘어야 한다. "지피지기 백전불태"(知彼知己 百戰不殆)라고 했던가? 넘어야 할 산의 개수와 높이를 가늠하는 일은 우리의 현주소가 어디인지, 우리가 나아가야 할 방향이 어느 쪽인지를 찾을 수 있도록 도움을 준다. 이런 취지에서 이제 첫 번째 산을 만나보자.

하팍스 레고메나

성경에 사용된 단어들 중 하팍스 레고메나(*hapax legomena*)—오직 한 번만 등장하는 단어들—로 분류되는 것들이 있다.[1] 히브리성경만 보더라도 1,200개 이상의 하팍스가 발견된다.[2] 문제는 이들이 사용된 빈도수가 너무 적기 때문에 문맥 속에서 단어의 의미를 파악하는 데 어려움이 따른다는 점이다. 1,200개의 하팍스는 두 종류로 나뉘는데, 어근을 통해 유추가 가능한 하팍스와 그렇지 않은 하팍스이다.

일례로 "야곱의 사닥다리" 본문에 사용된 **술람**(סֻלָּם)을 보자(창 28:12). 이 단어는 하팍스 레고메논이기 때문에 성경의 용례만으로 정확한 의미를 찾을 수 없다. 그래서 학자들은 크게 두 가지 제안을 한다. 첫째는 "계단"이나 "비탈길"을 뜻하는 아카드어(*simmiltu*)에서 나왔다는 주장이다.[3] 둘째는 "길을 내다"는 히브리어(סלל)에서 나왔다는 주장이다. 그래서 한역본은 "사닥다리," "큰 사다리," 그리고 "층계"로 **술람**을 번역했다. 창세기 28:12을 보자.

꿈에 본즉 **사닥다리**가 땅 위에 서 있는데 그 꼭대기가 하늘에 닿았고

---

1 단수는 하팍스 레고메논이라고 한다.

2 학자들에 따라 하팍스 레고메나를 특정하는 방법이 조금씩 다르기 때문에 그 수를 1,500개로 보기도 한다.

3 학자들은 하팍스의 의미를 찾기 위해 동계어를 찾아 비교 분석을 하기도 한다. Chaim H. Cohen, *Biblical Hapax Legomena in the Light of Akkadian and Ugaritic* (Missoula, MT, 1977)을 보라.

또 본즉 하나님의 사자들이 그 위에서 오르락내리락 하고. (『개역개정』)

그가 잠을 자면서 꿈을 꾸는데 땅바닥에서 하늘까지 맞닿는 **큰 사다리**가 보였다. 그런데 하나님의 심부름꾼들이 그 사다리를 타고 오르락내리락하는 것이 아닌가? (『현대어성경』)

꿈을 꾸었다. 그가 보니 땅에 층계가 세워져 있고 그 꼭대기는 하늘에 닿아 있는데, 하느님의 천사들이 그 **층계**를 오르내리고 있었다. (『가톨릭성경』)

모든 하팍스 레고메나가 이처럼 유추될 수 있다면 얼마나 좋을까? 하지만 어근을 비교하고 접사를 분석해도 의미를 찾을 수 없는 단어들도 많다. 이들은 의미를 찾는 일이 매우 어렵기 때문에 **절대적**(absolute) **하팍스 레고메나**라고 불린다.[4] 번역자들은 문맥을 통해 단어의 뜻을 추측할 수밖에 없다. 이런 이유로 성경 역본들마다 번역의 차이를 보이는 것이다.

---

4 Frederick E. Greenspahn, "The Number and Distribution of *Hapax Legomena in Biblical Hebrew*," *VT* 30 (1980): 8-19; idem, *Hapax Legomena in Biblical Hebrew: A Study of the Phenomenon and its Treatment since Antiquity with Special Reference to the Verbal Forms* (SBLDS 74; Chico: Scholars, 1984), 183-94; idem, "Words That Occur in the Bible Only Once—How Hard Are They to Translate?," *BRve* 1 (1985): 28-30을 참고하라.

하팍스 레고메나가 아니라 할지라도 사용된 빈도수가 너무 적어 해석에 어려움을 주는 표현들도 있다. 예컨대, 창세기 37:3에는 우리가 잘 아는 요셉의 "색동옷"(כְּתֹנֶת פַּסִּים)이 등장한다. 하지만 "색동옷"으로 번역된 히브리어 표현은 성경에 단 두 차례 등장하기 때문에 그 의미를 파악하는 데 어려움이 따른다. 문맥을 살펴봐도 큰 도움이 되지 않는다. 그래서 학자들은 칠십인역과 팔레스티니안 타르굼 등을 참고해 번역을 시도했고, 다양한 경우의 수들이 제기됐다. 창세기 37:3을 보자.

> 요셉은 노년에 얻은 아들이므로 이스라엘이 여러 아들들보다 그를 더 사랑하므로 그를 위하여 채색옷을 지었더[라]. (『개역개정』)

> 야곱은 노년에 요셉을 얻었으므로 다른 아들보다 그를 특별히 사랑하여 화려하게 장식한 긴 겉옷을 만들어 입혔다. (『현대인의 성경』)

> 이스라엘이 늘그막에 요셉을 얻었기에 다른 아들들보다 그를 더 사랑했습니다. 그래서 그에게 귀한 옷을 지어 입혔습니다. (『우리말성경』)

> 요셉은 야곱이라고도 부르는 아버지 이스라엘이 늙어서 낳은 아들이었으므로, 이스라엘은 다른 어느 아들보다도 요셉을 더 사랑했습니다. 이스라엘은 요셉에게 소매가 긴 좋은 옷을 만들어 주었습니다. (『쉬운성경』)

이스라엘이라고도 불리는 야곱은 다른 자식들보다도 요셉을 애지중
지하였다. 늘그막에 본 자식이었기 때문이다. 그래서 요셉에게는 특
별히 여러 장식이 달려 있는 알록달록한 긴 옷을 지어 입히기도 하였다.
(『현대어성경』)

이스라엘은 요셉을 늘그막에 얻었으므로, 다른 어느 아들보다 그를
더 사랑하였다. 그래서 그에게 긴 저고리를 지어 입혔다. (『가톨릭성경』)

이스라엘은 늘그막에 요셉을 얻었으므로 다른 아들들보다 요셉을
더 사랑하여서 그에게 화려한 옷을 지어서 입혔다. (『표준새번역』)

물론 본문에 사용된 히브리어 표현의 정확한 의미를 몰라도 요
셉이 다른 형제들은 받지 못한 특별한 옷을 야곱으로부터 받았다는
점은 문맥을 통해 쉽게 드러난다. 하지만 요셉이 정확히 어떤 옷을
입었는지에 대한 부분은 여전히 의미의 공백으로 다가온다.

이문

성경의 이문(異文)도 우리가 넘어야 할 산이다. 마가복음에 있는
"나병 환자" 페리코페를 보자(막 1:40-45). 본문에 의하면 나병 환자 한
명이 예수님께 다가와 무릎을 꿇고 엎드린다. 그리고 예수님께서
원하시면 본인을 깨끗하게 하실 수 있다는 고백을 한다. 이를 보신
예수님께서는 그를 "민망히"(『개역한글』), "불쌍히"(『새번역』), "측은

히"(『공동번역』), 혹은 "가엾이"(『가톨릭성경』) 여기신다. 그리고 그에게 손을 내밀어 병을 고쳐 주신다. 참 감동적인 이야기이다. 하지만 몇 개의 권위 있는 사본들(D, tᵃ, ᵐ², ⁱ)은 이와 전혀 다른 독법을 제시한다. 그 사본들에 따르면 예수님께서 나병 환자를 불쌍히 여기시는 대신 오히려 그에게 역정을 내시는 것이 아닌가? 가엾은 환자에게 화를 내시는 예수님이라니! 우리는 이런 예수님의 모습을 떠올리고 싶어하지 않는다. 상상하고 싶지도 않다. 그래서 혹자는 이문이 제시하는 독법을 "틀린 독법"으로 판단하기 원할지도 모른다. 그러나 **신앙은 신학을 통해 형성되고, 신학은 성경을 통해 형성되며, 성경은 사본들을 통해 형성되는 법이다.** 이문이 담긴 사본이 발견될 경우, 우리는 새로운 독법의 가능성에 대해 진지하게 접근해야 한다.

그렇다면 둘 중에 어떤 독법이 맞을까? 긍휼히 여기시는 (σπλαγχνισθείς) 예수님일까, 화를 내시는(ὀργισθείς) 예수님일까? 놀랍게도 상당히 많은 학자들이 다음과 같은 이유로 후자의 독법을 취한다. 첫째, "더 어려운 독법이 원문의 독법을 반영할 가능성이 높다"(*lectio difficilior potior*)는 원칙이다. 성내시는 예수님 독법이 긍휼함을 보이시는 예수님 독법보다 신학적으로 더 어렵다. 둘째, 동일한 페리코페가 등장하는 마태복음과 누가복음에는 예수님의 감정을 나타내는 단어가 생략되어 있다.[5] 이 차이가 유의미한 이유는 마태

---

5   막 1:41, 마8:3, 눅 5:13을 비교하여 보라. 아울러 막 3:5, 마 12:13, 눅 6:10, 그리고 막 10:14, 마 19:14, 눅 16:18을 비교하여 보라. 마가복음에는 성내시는 예수님이 언급(ὀργῆς[막 3:5], ἠγανάκτησεν[막 10:14])되어 있지만 마태복음과 누가복음에는 나타나지 않고—생략되어—있다.

와 누가는 마가복음에 등장하는 어려운 독법들을 보다 쉬운 독법으로 바꾸는 경향을 보여왔기 때문이다.[6] 만약 긍휼함을 보이시는 예수님 독법이 마가복음에 있었다면 마태와 누가는 그 독법을 취했을 것이다. 반면에 성내시는 예수님 독법이 마가복음에 있었다면 마태와 누가는 그 독법을 생략했을 것이다. 셋째, 마가복음에는 성내시는 예수님의 모습이 담겨 있는 페리코페가 또 있다(막 3:15; 10:14). 그러므로 화를 내시는 예수님의 모습은 마가복음이 그리는 예수님의 모습과 일치한다. 넷째, 에프렘의 『사복음대조에 대한 주석』(Commentary on the Diatessaron)에는 긍휼히 여기시고 성내시는 예수님이 병합된 독법 속에 나타난다. 이는 늦어도 주후 2세기에 두 가지 독법들이 존재하고 있었음을 의미한다. "두 가지 독법들이 있을 경우 한 독법이 다른 독법이 생성된 이유를 설명할 수 있다면 그 독법이 원문에 가까울 가능성이 높다"는 규칙에 따라, 성내시는 예수님 독법이 불편했던 사람들이 긍휼함을 보이시는 예수님 독법을 생성했다고 볼 수 있다.

이와 같은 이유로 사본의 진정성에 대해 상반된 견해를 취하고 있는 세계적인 두 사본학자들—다니엘 B. 월리스(Daniel B. Wallace)와 바트 D. 어만(Bart D. Ehrman)—이 모두 화를 내시는 예수님 독법을 지

---

6   Daniel B. Wallace, "The Son's Ignorance in Matthew 24:36: An Exercise in Textual and Redaction Criticism," in *Studies on the Text of the New Testament and Early Christianity: Essays in Honor of Michael W. Holmes On the Occasion of His 65th Birthday* (eds. Daniel M. Gurtner, Juan Hernández Jr., and Paul Foster; NTTSD 50; Leiden: Brill, 2015), 182–209 (202).

지한다.[7] 거의 모든 주석가들도 이들의 견해와 같고, 심지어 몇몇의 영역본들은 이문의 독법을 반영하기도 했다.

> Moved with *indignation*, Jesus stretched out his hand and touched him, saying, "I am willing. Be clean!"(NET)

> Jesus was *indignant*. He reached out his hand and touched the man. "I am willing. Be clean!"(NIV)

그렇다고 해서 원문에 성을 내시는 예수님 독법이 담겨 있었다고 단정하거나 확정할 수는 없다. 우리에게는 원문이 없다. 그래서 원문의 독법에 관해 논할 때는 항상 가능성의 영역에서 논의가 이루어진다. 원문의 부재는 우리가 넘어야 할 산이 얼마나 거대한지 다시 한번 상기시켜준다.

언어유희

넘어야 할 세 번째 산은 언어유희이다. 예레미야 2:8을 보자.

---

[7] Bart D. Ehrman, "A Leper in the Hands of an Angry Jesus," in *New Testament Greek and Exegesis: Essays in Honor of Gerald F. Hawthorne* (Grand Rapids, MI: Eerdmans, 2003), 77–98; Daniel B. Wallace, "Lost in Transmission: How Badly Did the Scribes Corrupt the New Testament Text?," *Revisiting the Corruption of the New Testament: Manuscript, Patristic, and Apocryphal Evidence* (ed. idem; Grand Rapids, MI: Kregel, 2011), 19–55 (20–21).

제사장들은 나 주가 어디에 있는지를 찾지 않으며, 법을 다루는 자들
이 나를 알지 못하며, 통치자들은 나에게 맞서서 범죄하며, 예언자들
도 **바알** 신의 이름으로 예언하며, **도움도 주지 못하는** 우상들만 쫓아다
녔다. (렘 2:8)

본문의 후반부에는 예언자들이 "바알"(בעל)의 이름으로 예언했
고, "도움도 주지 못하는"(יעל의 복수형) 우상들을 쫓아다녔다는 표현
이 등장한다. 본문을 한역본으로 읽을 때는 바알 숭배에 대한 하나
님의 질책 정도로 들린다. 하지만 히브리어 텍스트에는 **바알**(בעל)과
야알(יעל)이라는 언어유희가 나타나 바알을 "도움도 주지 못하는" 우
상들에 포함시키는 구조가 강조되어 있다. 8절의 언어유희는 11절
까지 흐른다.

비록 신이라 할 수 없는 그런 신을 섬겨도, 한 번 섬긴 신을 다른 신
으로 바꾸는 민족은 그리 흔하지 않다. 그런데도 내 백성은 그들의
영광을 전혀 **쓸데없는** 것들과 바꾸어 버렸다. (렘 2:11)

본문에 "쓸데없는"으로 번역된 히브리어(יעל [야알])는 8절에 "도
움도 주지 못하는"으로 번역된 히브리어와 동일어이다. 하지만 8절
과는 달리 단수형이 쓰였다. 따라서 11절에 사용된 단수 **야알**은 8절
에 등장하는 단수 바알과 유의미하게 연결된다. 이를 고려한다면
예레미야의 저자는 8절에 **바알 ∈ 도움도 주지 못하는** 것들이라는 구

조를 만든 후 11절에서 **도움도 주지 못하는 것 = 바알**이라는 구조를 만든 것으로 이해할 수 있다. 이와 같은 언어유희 구조를 고려한다면 8절에서 11절까지 흐르는 문맥은 신의 구실을 제대로 못하는 바알을 저격하고 조롱하는 것으로 볼 수 있다.

하지만 한역본으로 본문을 읽을 경우 히브리성경이 사용하는 언어유희를 발견할 수 없다. 게다가 한역본은 11절의 단수 야알(עַיִל)을 복수로 번역했을 뿐만 아니라 8절과 11절에 사용된 동일어를 다른 표현으로 번역했다. 언어유희를 발견하는 일이 더 어려워진 셈이다. 만약 우리가 본문의 의미를 최대한 살려 번역한다면 어떤 번역이 가능할까? 혹시 아래와 같은 번역이 타당하진 않을까?

> 제사장들은 나 주가 어디에 있는지를 찾지 않으며, 법을 다루는 자들이 나를 알지 못하며, 통치자들은 나에게 맞서서 범죄하며, 예언자들도 **바알** 신의 이름으로 예언하며, **병신 같은 신들만** 쫓아다녔다 … 비록 신이라 할 수 없는 그런 신을 섬겨도, 한번 섬긴 신을 다른 신으로 바꾸는 민족은 그리 흔하지 않다. 그런데도 내 백성은 그들의 영광을 완전히 **병신 같은 신**과 바꾸어 버렸다.

"병신"에는 어느 부분이 제대로 갖추어지지 않아 제구실을 다하지 못하거나 기형인 물건이라는 뜻이 있다. 그리고 "바알신"과 발음이 비슷하다. 이런 이유로 위에 제시한 번역은 일석이조의 효과를 낸다. 하지만 득이 있으면 실도 있는 법. 가장 큰 장애물은 "병신"이란 단어가 한국 사회에서 주로 욕설로 사용되기 때문에 불필요한 오해를 일으킬 수 있다는 점이다.

성경에 사용된 언어유희는 번역의 과정에서 의미의 손실을 입고,[8] 그 결과 역본을 통해 성경 텍스트의 의미를 완전히 이해하기 원하는 자들에게 넘어야 할 큰 산으로 다가온다. 제2성전기의 문헌인 『집회서』의 서문(Sirach Prologue)은 번역의 한계에 대해서 다음과 같이 솔직히 언급했다.

> 우리가 성실히 번역했음에도 불구하고 몇 개의 문구들을 불완전하게 번역했을 가능성이 있다. 만약 이와 같은 경우를 만나거든 관대함을 보이라. 왜냐하면 본래 히브리어로 표현된 문장들이 다른 언어로 번역되면 정확하게 동일한 의미를 지니지 않게 되기 때문이다. 이 책뿐만 아니라 토라 그 자체, 예언서들, 그리고 나머지 책들도 원서로 읽으면 번역서와 적지 않은 차이를 발견하게 된다. (15-26)

예나 지금이나 번역의 한계는 그 누구도 뛰어넘을 수 없다. 오죽하면 "번역은 반역이다"(traduttore traditore)라는 표현이 있을까! 아직까지 그 누구도 번역의 산을 정복하지 못했다는 사실은 성경 해석의 산도 무척이나 높다는 것을 의미한다.

---

8   Jan de Waard and William Allen Smalley, *A Translator's Handbook on the Book of Amos* (Stuttgart: UBS, 1979), 159.

문법

문법 요소도 우리가 넘어야 할 또 하나의 산이다. 문법 학자들에 의하면 이 세상에 문법이 동일한 언어는 단 하나도 없다. 성경에 사용된 고대의 히브리어, 아람어, 그리스어도 마찬가지다. 브루스 메츠거(Bruce Metzger)는 성경 원어를 다른 언어로 번역할 때 필히 마주하게 되는 문법적 난제를 이렇게 표현했다. "라틴어에는 정관사가 없다. 시리아어는 그리스어의 과거형과 완료형을 구분하지 못한다. 콥트어에는 수동태가 없기에 반드시 에둘러 말해야 한다."[9] 한글 문법도 이런 한계로부터 자유롭지 못하다.

먼저 그리스어 정관사 사용법과 한글 정관사 사용법을 비교해 보자. 우리는 이미 언급했던 대상을 지칭하기 위해 관사를 주로 사용한다. 하지만 그리스어 관사는 더욱 광범위한 목적으로 사용된다. 일례로 **그랜빌 샤프 규칙**(Granville Sharp Rule)은 "두 개의 명사가 접속사 카이(καί)로 연결되어 있고, 관사가 첫 번째 명사 앞에만 등장할 때, 두 개의 명사 사이에 긴밀한 관계가 있음"을 나타내는 문법 장치이다.[10] 긴밀한 관계란 조건[11]에 따라 "통일성"(unity)이나 "동등

---

9   Bruce M. Metzger, *The Text of the New Testament* (3rd ed.; New York: Oxford University, 1992), 67–68.

10   Daniel B. Wallace, *Greek Grammar beyond the Basics: An Exegetical Syntax of the New Testament* (Grand Rapids, MI: Zondervan, 1996), 270.

11   조건은 문장에 사용된 여러 가지 요소들 - 고유 명사, 비인칭 명사, 명사의 수 등 - 에 따라 결정된다.

성"(equality), 심지어는 "동일성"(identity)을 가리킬 수 있다.[12] 요한계시록 1:3을 보며 동일성의 예를 보자.

> 이 예언의 말씀을 읽는 사람과 듣는 사람들과 그 안에 기록되어 있는 것을 지키는 사람들은 복이 있습니다. (계 1:3)

한역본은 세 종류의 사람들―예언의 말씀을 "읽는 사람"(ὁ ἀναγινώσκων), "듣는 사람들"(οἱ ἀκούοντες), "지키는 사람들"(οἱ … τηροῦντες)―을 소개하는 것으로 보인다. 하지만 그리스어 텍스트에는 오직 두 종류의 사람들만 등장한다. 예언의 말씀을 "읽는 사람"과 그 말씀을 "듣고 지키는 사람들"이다. 보다시피 "듣는 사람들"과 "지키는 사람들"이 동일한 사람으로 묶여있다. 그 이유가 무엇일까? 동일성을 나타내는 그랜빌 샤프 규칙이 이 둘을 하나의 집단으로 묶고 있기 때문이다(οἱ ἀκούοντες … καὶ τηροῦντες). 이와 같은 관사 규칙은 본문 해석에 유의미하게 관여한다. 첫째, 본문은 하나님의 말씀을 들었다면 들은 말씀을 지키는 것이 마땅하다는 점을 전제하고 있다. 둘째, 이 전제에 부합하는 사람들만 계시록이 제시하는 복(μακάριος)의 수신자가 된다.

이처럼 한글과 그리스어는 정관사의 기능이 달라도 너무 다르다. 완전히 일치하는 두 개의 다른 언어들이 존재하지 않기 때문에 발생하는 현상이다. 더 놀라운 점은 신약성경에 나타나는 관사의

---

12   Wallace, *Greek Grammar beyond the Basics*, 270.

용법들 중 아직 그 의미를 파악하지 못한 경우도 있다는 사실이다. 이는 우리가 넘어야 할 산이 무척이나 높다는 사실을 다시 한번 실감나게 한다.

수사법

수사법도 우리가 넘어야 할 커다란 산이다. 수사법의 한 예로 완곡법을 살펴보자. 어떤 대상이나 사건을 사실적으로 묘사하지 않고 우회적으로 묘사하는 방식이 바로 완곡법이다.[13] 완곡법은 나라, 문화, 언어에 따라 다르게 표현되기 때문에 고대 문헌에 사용된 완곡법은 우리가 넘어야 할 큰 산으로 작용한다. 나는 미국 유학 초창기에 룸메이트에게 "kick the bucket"이 들어간 완곡문을 들었던 적이 있다. 문자대로 번역하면 "양동이를 걷어 차"라는 뜻이다. 하지만 이 표현은 미국인들 사이에 죽음을 우회적으로 표현하는 완곡법이다. 이를 몰랐던 나는 "kick the bucket"이 사용된 문장을 전혀 이해할 수 없었다. 아니, 잘못 이해했다고 보는 것이 더 정확하다. 이처럼 완곡법은 나라, 문화, 언어에 따라 다르게 표현된다. 성경도 예외는 아니다.

예컨대 히브리어 바사르(בשר)는 문자적으로 '살'을 뜻하지만 완곡적으로 '생식기'를 의미한다.[14] 에스겔 23:20의 한역본들을 비교

---

13 Richard A. Young, *Intermediate New Testament Greek: A Linguistic and Exegetical Approach* (Nashville, TN: B&H, 1994), 240.

14 발(רגלים), 손(יד), 허벅지(ירך), 무릎(ברך)도 문맥에 따라 생식기를 의미한다.

하여 보자.

> 이는 그녀가 그들의 애인들과 사랑에 빠졌기 때문이라. 그들의 **육체**(בשׂר)는 나귀들의 **육체**(בשׂר) 같고 그들의 유출물은 말들의 유출물 같으니라." (『한글흠정역』)

> 그 여자가 그 정부들에게 음욕을 품었으니, 그들의 **하체**(בשׂר)는 나귀들의 **육체**(בשׂר) 같고 그들의 정액은 말의 정액같았다. (『바른성경』)

> 그 당시에 놀아났던 애굽의 남자 친구들, **물건**(בשׂר)이 수나귀의 성기(בשׂר)만큼이나 커지고 수말들처럼 격정적으로 발정을 하는 애굽의 사내들을 동경하였다. (『현대어성경』)

동일한 히브리어가 역본에 따라 "육체," "하체," "물건," "성기"로 번역되었음을 알 수 있다. 『한글흠정역』은 완곡법을 문자적("육체")으로 두 번 번역했다. 『바른성경』은 완곡법을 완곡적("하체")으로 한 번, 문자적("육체")으로 한 번 번역했다. 『현대어성경』은 완곡법을 완곡적("물건")으로 한 번, 해석적("성기")으로 한 번 번역했다.[15]

---

15 『현대어성경』이 가장 탁월한 성경이라고 말하는 것이 아니다. 역본은 될 수 있으면 여러 종류의 것들을 두루두루 읽어야 한다. 한 역본이 다른 역본보다 무조건 더 탁월할 수는 없다. 어떤 구절은 역본 A가 잘 번역했고, 또 다른 구절은 역본 B가 잘 번역한 경우도 있다. 그러므로 우리는 특정 역본을 선호할 수는 있어도 그 역본이 최고의 역본이라고 말해서는 안 된다.

또 하나의 예를 들어보자. 아람어 샤마인(שמין)은 문자적으로 '하늘'을 뜻하지만 완곡적으로 '하나님'을 의미한다. 다니엘 4:11의 『한글흠정역』과 『새번역』을 비교해 보자.

> 또 그들이 그 나무뿌리들의 그루터기를 남겨 두라고 명령하였은즉 하늘들(שמין)이 다스리심을 왕이 안 뒤에야 비로소 왕의 왕국이 왕에게 확실히 돌아가리이다. (『한글흠정역』)

> 또 나무 뿌리의 그루터기를 남겨 두라고 명령하신 것은, 하나님(שמין) 이 세상을 다스리신다는 것을 임금님이 깨달으신 다음에야, 임금님의 나라가 굳게 선다는 뜻입니다. (『새번역』)

『한글흠정역』은 완곡법을 문자적("하늘들")으로 번역한 반면 『새번역』은 완곡적("하나님")으로 번역했다.

문맥을 통해 해결하기 어려운 완곡어도 있다. 이를테면, 전도서 4:11을 보자.

> 또 둘이 누우면(שכב) 따뜻하지만, 혼자라면 어찌 따뜻하겠는가? (『새번역』)

본문에 사용된 히브리어 샤카브는 문자적으로 '눕다'는 뜻이지만 완곡어로 '죽다,' '낮잠을 자다,' '성적인 관계를 맺다'는 의미로도 쓰인다. 오직 문맥이 단어의 의미를 결정한다. 본문의 경우 **샤카브**가 어떤 의미로 쓰였는지 특정하기 어렵다. 문자적으로 쓰였는지, 완곡어로 쓰였는지, 그리고 완곡어로 쓰였다면 '죽다'는 의미로 쓰였는지 '성관계'의 의미로 쓰였는지 특정할 수 없다. 그래서 한역본은 문자적으로 '눕다'로 번역한 경우와 완곡적으로 '잠을 자다'로 번역한 경우로 나뉜다. 위에 **샤카브**를 '눕다'로 번역한 역본을 소개했으니 아래는 '자다'로 번역한 역본을 소개한다.

> 추운 겨울 밤에도 두 사람이 한 이불을 덮고 **자면** 서로 따뜻하게 되지만 혼자 잔다면 어떻게 따뜻해질 수 있는가? (『현대어성경』)

> 그뿐이랴! 혼자서는 몸을 녹일 길이 없지만 둘이 같이 **자면** 서로 몸을 녹일 수 있다. (『공동번역』)

이처럼 완곡법도 완전한 성경 해석을 꿈꾸는 우리에게 넘어야 할 큰 산이다. 게다가 아직 발견되지 않은 완곡어가 있을 가능성까지 고려한다면 산의 높이는 더욱 높아질 것이다.

구두점

구두점도 우리가 넘어야 할 산이다. 초기 사본은 띄어쓰기 없이 대문자로 필사되었고, 구두점도 표기되어 있지 않았다. 그러므로 문장에 구두점을 어디에 찍어야 하는지에 따라 해석이 영향을 받기도 한다.[16] 한 가지 예를 들어보자. 로마서 9:5에 있는 유명한 구두점 논쟁이다.

> 그들은 저 훌륭한 선조들의 후손들이며 그리스도도 인성으로 말하면 그들에게서 나셨습니다. 만물을 다스리시는 하느님을 영원토록 찬양합시다. 아멘. (『공동번역』)

『공동번역』은 본문에 이런 설명을 덧붙인다. "'만물을 다스리시는 하느님이신 그리스도를 영원토록 찬미합시다'라고 번역할 수도 있다." 첫 번째 독법과 두 번째 독법의 차이는 유의미하다. 전자("만물을 다스리시는 하느님을 영원토록 찬양합시다")는 찬양을 받는 대상을 성부 하나님으로 특정한다. 후자("만물을 다스리시는 하느님이신 그리스도를 영원토록 찬미합시다")는 찬양을 받는 대상을 예수님으로 특정하고, 예수님의 신성까지 명시한다. 이런 차이가 발생하는 이유는 구두점 문제 때문이다.[17] 그렇다면 두 개의 독법들 중 무엇이 더 타당할까?

성경 공부 시간에 성도들에게 로마서 9:5에 나타나는 구두점 문제를 언급할 때가 종종 있다. 그때마다 성도들은 아주 쉽게 문제를 해결하려 한다. "뭘 그렇게 복잡하게 생각하시나요? 당연히 예수님

---

16 구두점이 찍혀 있는 후대의 사본들이 발견되기는 하지만, 사본들마다 다른 곳에 구두점이 찍혀 있는 경우가 종종 있기 때문에 큰 도움이 되지는 않는다. 결국 구두점 문제는 영원히 미궁 속에서 나올 수 없다는 의미이다.

17 Joseph A. Fitzmyer, *Romans: A New Translation with Introduction and Commentary* (AYB 33; New Haven; London: Yale University, 2008), 548-49.

이 하나님이라고 증거하는 독법이 맞는 독법이지요!" 하지만 구두점 문제를 이런 식으로 해결해서는 안 된다. 성경 해석은 '텍스트가 무엇을 말하는가'에서 출발해야지, '텍스트가 이렇게 말했으면 좋겠다'에서 시작해서는 안 된다. 전자는 텍스트를 존중하는 태도임에 반해 후자는 내 바람을 텍스트에 욱여넣는 태도임을 기억해야 한다. 다시 원점으로 돌아와 질문해보자. 그렇다면 두 개의 독법 중 무엇이 맞을까? 결정이 불가능하다. 둘 다 지지를 받을 수 있는 근거들이 있기 때문이다. 이런 이유로 『공동번역』은 두 개의 독법을 모두 소개했던 것이다. 과연 우리는 구두점이라는 산을 오를 수 있을까?

케티브(Ketiv)와 케레(Qere)

케티브와 케레도 우리가 넘어야 할 산이다. 케티브는 히브리어의 표준 본문인 마소라 사본에 보존된 독법을 뜻하고, 케레는 읽혀져야 하는 독법을 의미한다. 예컨대 마소라 사본에 "나는 차(車)를 원해"라는 문장이 보존되어 있다고 치자. 그런데 서기관이 난외주에 "차"(車)를 "차"(茶)로 읽으라고 제안을 했다. 이럴 경우 "차"(車)는 케티브이고, "차"(茶)는 케레이다. 발음은 같지만 의미의 차이가 발생함을 알 수 있다.

이사야 49:5의 『한글흠정역』과 『우리말성경』을 비교해 보자.

나를 자기 종으로 삼으시려고, 야곱을 자기에게로 데려오시려고 모태에서부터 나를 지으신 주께서 말씀하시되, 지금 비록 이스라엘이 모여 있지 **아니하여도**(אֹל) 내가 주의 눈에 영화롭게 되고 나의 하나님이 나의 힘이 되시리로다, 하시는도다. (『한글흠정역』)

나를 태에서부터 지어 그분의 종이 되게 하시고 야곱을 자기에게 돌아오게 하시고 이스라엘을 **그에게로**(לוֹ) 모이게 하신다. 나는 여호와께서 보시기에 귀중한 사람이 됐다. 내 하나님이 내 힘이 되셨다. 이제 여호와께서 말씀하신다. (『우리말성경』)

『한글흠정역』이 "비록 이스라엘이 모여 있지 **아니하여도**"라고 번역된 부분이 『우리말성경』에는 "이스라엘을 **그에게로** 모이게 하신다"로 번역되어 있다. 전자는 케티브(אֹל) 독법을 취했고, 후자는 케레(לוֹ) 독법을 취했기 때문에 발생한 상황이다. 놀랍게도 두 독법이 제시하는 의미의 차이가 크다.

그렇다면 어떤 독법이 더 타당한 독법일까? 두 독법들 모두 문법적으로 그리고 통사론적으로 문제가 없다. 그래서 학자들은 세 가지 의견—(1) 케티브가 옳다 (2) 케레가 옳다 (3) 둘 다 옳다(둘 다 원문에 있었을 것으로 추정하는 관점)—을 놓고 대화를 이어간다. 원문의 독법을 알 수 없는 우리는 세 개의 가능성을 모두 열어 놓고 본문에 접근해야 하는 숙제를 부과받는다.[18]

18　Reinoud Oosting, "Sola Scriptura and the Imperfection of the Hebrew Text," in *Sola Scriptura Biblical and Theological Perspectives on Scripture, Authority, and Hermeneutics* (ed. Hans Burger, Arnold Huijgen and Eric Peels; Leiden, Brill: 2018), 216–29 (220–23)을 보라.

문제는 여기에서 끝나지 않는다. 이사야에는 "아니하여도"와 "그에게로"가 각각 케티브와 케레로 등장하는 경우가 두 번이나 더 등장한다 (사 9:2; 63:9). 구약 전체로 시야를 넓히자면 총 18번의 경우가 발견된다(출 21:8; 레 11:21; 25:30; 삼상 2:3; 삼하 16:8; 왕하 8:10; 사 9:2; 49:5; 63:9; 시 100:3; 139:16; 욥 6:21; 13:15; 41:4; 잠 19:7; 26:2; 스 4:2; 대상 11:20). 어디 이뿐인가? 이사야 49:5과는 달리 "그에게로"와 "아니하여도"가 각각 케티브와 케레로 등장하는 경우도 있다(삼상 2:16; 20:2). 문제를 조금 더 복잡하게 하자면, 첫 번째 쿰란동굴(1QIsaa)에서 발견된 문서는 이사야 49:5에 케레 독법을 따랐고, 네 번째 쿰란동굴(4QIsad)에서 발견된 이사야 파편은 케티브 독법을 따랐다. 끝으로 히브리어성경에 등장하는 모든 케티브-케레 독법의 수를 세자면 무려 1,296개나 된다! 우리가 넘어야 할 산이 결코 낮지 않다는 사실을 또 한 번 발견한다.

장르

장르도 성경 해석에 큰 영향을 끼친다. 가장 대표적인 예가 패러디이다. 패러디가 성경에 사용되었다는 말이 의아하게 들릴 수 있지만, 사실 패러디는 성경에 사용된 장르로 받아들여지고 있다. 패러디의 관점으로 성경 텍스트를 분석한 유의미한 연구물도 많다.[19]

---

19 Gale A. Yee, "The Anatomy of Biblical Parody: The Dirge Form in 2 Samuel 1 and Isaiah 14," *CBQ* 50 (1988): 565-86; Arnod J. Band, "Swallowing Jonah: The Eclipse of Parody," *Prooftexts* 10 (1990): 177-95; Will Kynes, "Beat your Parodies into Swords, and Your Parodied Books into Spears: A New

패러디가 생소한 독자를 위해 짧게 설명을 덧붙이도록 한다.

학자들은 패러디가 세 가지의 요소를 포함한 장르라고 주장한다. 바로 모방, 도치, 대립이다. 첫째, 패러디를 구성하고 있는 가장 기본적인 요소는 모방이다. 패러디는 모방의 모체(이미 존재하고 있는 사상, 그림, 문서)를 필요로 한다는 의미이다. 모체는 단수일 필요가 없다. 복수의 모체들도 괜찮다. 이미 존재하고 있는 작품이라면 무엇이라도 모체가 될 수 있다. 이런 이유로 패러디는 모체에 의존하여 존재하는 "기생 장르"로 이해된다. 둘째, 패러디를 구성하는 또 다른 요소는 도치이다. 패러디는 모방을 위한 모방을 하지 않는다. 대신 모체의 구성물(단어, 형태, 구문, 진행 순서, 결과)에 의도적인 도치를 일으켜 모체의 메시지에 변화를 준다. 모방을 위한 모방이 같은 점을 부각시킨다면, 패러디는 다른 점을 부각시키는 셈이다. 이렇듯 패러디는 같음 속의 다름을 통해 모체에 대한 전형적인 기대를 뒤엎는다. 셋째, 패러디를 구성하는 마지막 요소는 대립이다. 패러디는 모체를 저격하며 의미를 생성하기 때문에 모체와 대립을 일으키고, 논쟁을 동반한다. 그리고 모체를 알고 있는 독자에게 모체를 비웃고 조롱

Paradigm for Parody in the Hebrew Bible," *BibInt* 19 (2011): 276-310; Holger M. Zellentin, *Rabbinic Parodies of Jewish and Christian Literature* (Tübingen: Mohr Siebeck, 2011); Andrew D. Giorgetti, "Building a Parody: Genesis 11:1-9, Ancient Near Eastern Building Account, and Production-Oriented Intertextuality" (PhD diss., Fuller Theological Seminary, 2017); Sanghwan Lee, "The Journey through the Netherworld and the Death of the Sun God: A Novel Reading of Exodus 7-15 in Light of the Book of Gates," *Religions* 14.3 (2023): 1-30을 보라.

하도록 유도함과 동시에 패러디가 제시하는 사상에 동조할 것을 요구한다.

모방, 도치, 대립의 요소로 구성된 패러디 장르가 성경에 사용되었다는 점은 매우 중요한 전제를 수반한다. **저자와 일차 독자가 모두 패러디의 모체를 알고 있다는 사실이다.** 독자가 패러디의 모체를 모른다면 패러디는 수사적인 힘을 잃는다. 심지어 패러디의 저자가 의도하지 않은 방향으로 본문을 해석할 위험도 있다. 그러므로 저자는 모체를 알고 있는 독자에게 패러디 장르를 사용한다. **모체는 저자와 일차 독자 사이에 공유되어 있는 가정된 배경지식**이라는 의미이다. 만약 모체를 모르는 이차 독자가 패러디를 읽는다면 어떨까? 패러디에 담겨있는 모방, 도치, 대립의 요소를 인지할 수 없기에 커다란 의미의 공백을 만나거나 심지어는 패러디의 내용을 오독할 가능성도 있다.

최근 앤드류 D. 죠르제띠(Andrew D. Giorgetti)가 크리스토퍼 B. 헤이즈(Christopher B. Hays)의 지도하에 박사학위 논문을 썼다.[20] 죠르제띠는 기존의 접근법과 다르게 바벨탑 페리코페(창 11:1-9)에 접근했다. 그의 주장에 따르면 본문은 신아시리아 제국주의 사상을 모체로 삼아 모체의 구성 요소에 의도적인 도치를 일으켜 창세기 사상과 대립 구도를 생성한 패러디이다. 만약 죠르제띠의 주장이 옳다면 신아시리아 제국주의 사상은 저자와 일차 독자 사이에 공유되어 있던 가정된 배경지식, 그러나 이차 독자에게는 숨겨진 배경지식이 된다. 이런 한계를 지닌

---

20   Giorgetti, "Building a Parody."

이차 독자는 바벨탑 페리코페를 읽는 과정에서 의미의 공백을 만날 수 있다. 어쩌면 바벨탑 페리코페는 우리가 지금까지 이해했던 분량보다 더 많은 의미를 담고 있을 수도 있다.

이처럼 성경에 사용된 타당한 장르로 패러디가 받아들여지고 있다는 사실은 이차 독자들을 겸손하게 만든다. 우리는 패러디의 모체를 찾아야 하는 숙제를 마주하게 되고, 이는 우리가 올라야 하는 거대한 산이 무척이나 높다는 점을 다시 한번 상기시키기 때문이다. 성경이 외부의 사상뿐만 아니라 그림, 형상, 문서 등도 패러디했다는 점을 감안한다면 우리가 왜 더욱 겸손하게 성경에 다가가야 하는지에 대한 이유가 될까?

산을 넘는 자세

마주하는 현실

성경을 온전히 이해하기 위해서 넘어야 할 산들이 너무 많다. 앞서 언급했던 장애물들이 빙산의 일각이라는 점을 감안해 본다면 **완전한 성경 해석은 불가능**이라고 해도 과언이 아니다. 우리는 성경이 모든 것들에 대해, 정말로 모든 것들에 대해 명쾌하게 설명해 주기를 바란다. 그래서 성경을 "정답기계"(Answer machine)처럼 대하기도 한다. 하지만 우리가 마주하는 현실은, 비록 인정하고 싶지 않다 할지라도, 성경은 모든 것을 명쾌하게 설명해 주지 않는다는 사실이다. 성경과 이차 독자 사이에 자리 잡고 있는 해석의 공백(언어, 역사, 시간, 사회, 문화의 공백)이 크기 때문에 성경의 가르침은 때때로 난해하고 모호하다. 주원준 교수는 고대 문서를 해석하는 작업의 어려움을 다음과 같이 솔직히 표현했다.

> 설사 단어와 문장을 파악했다고 해도 그 '의미'를 이해하는 것은 쉽지 않다. 현대인과 퍽 다른 표현과 관습이 넘쳐나기 때문이다. 이 지구상에 존재했던 어떤 고대 문명의 글을 읽는다는 느낌보다는 아예 다른 행성에서 온 글을 읽는다는 느낌이 날 때도 있다.[21]

성경도 예외는 아니다. 성경과 우리 사이에 존재하는 공백은 인간의 힘으로 메울 수 없을 정도로 거대하다. 안타까운 사실이지만 완전한 성경 해석은 현실에서 구현될 수 없는 이상일 뿐이다.

품어야 할 이상

그럼에도 불구하고 우리는 완전한 성서 해석을 향해 나아가야 한다. 성경과 우리 사이에 벌어져 있는 거대한 공백을 체감하면서 그 공백의 부피를 최대한 줄이기 위해 노력해야 한다. 이번 장을 신중히 읽은 독자들 중에는 "어차피 밑 빠진 독에 물 붓는 행위가 아닌가?" 질문하고 싶은 분들도 있을 것이다. 하지만 우리가 채워 넣

---

21   주원준, 『인류 최초의 문명과 이스라엘: 고대근동 3천 년』 (서울대학교출판문화원, 2022), 40.

어야 하는 해석의 항아리는 밑이 빠져 있지 않다는 점을 우선 말해 주고 싶다. 그 항아리는 무척 거대하고 깊을 뿐이다. 우리가 항아리에 물을 붓는다면, 비록 아구까지 꽉 채울 수는 없어도 그 항아리는 더 이상 빈 항아리가 아니게 된다. 그렇게 항아리는 점점 덜 빈 항아리가 되어간다.

몇 가지 예를 들어보자. 성경에 등장하는 **하팍스 레고메나**의 의미는 점점 더 복원되고 있다. 고고학의 발전에 따라 하팍스가 사용된 성경 외부의 자료(토판, 편지, 영수증, 서류)가 계속해서 발견되기 때문이다. 학자들은 이것들을 신중히 분석하여 하팍스의 의미를 찾는다. 고고학의 발전으로 인해 성경의 해석이 덕을 보는 사례다. 하팍스가 아니더라도 성경에 사용된 어려운 단어들(빈도수가 워낙 적어 의미를 찾기 어려운 단어들)도 점차 그 의미를 드러내고 있다. 대표적인 예로 아모스 1:1을 들 수 있겠다. 본문은 아모스를 "목자"라고 부른다. 학자들이 지적하다시피 본문에 "목자"로 번역된 히브리어 **노케드**(נקד)는 일반적으로 목자를 의미하는 단어(רעה)와 다르다. 게다가 히브리 성경에 사용된 빈도수도 적어 그 의미를 특정하기 어렵다. 이차 독자들이 의미의 공백을 만날 수밖에 없는 현실이다. 하지만 학자들은 라스 샴라 지역에서 발견된 우가릿 토판에서 **노케드**의 동계어(nqd)를 찾아냈다. 동계어를 분석한 결과 **노케드**는 단순한 목자를 의미하지 않고, 목자들과 그들의 가축을 관리하는 매니저 급 지도자를 의미한다는 제안을 내놓았다. 이들의 제안은 아모스의 근접 및 원격 문맥과 모순을 일으키지 않는다. 오히려 문맥의 흐름에 부합하고 아모스의 총체적인 내용과도 조화를 이룬다. 따라서 **노케드**에 숨어 있던 의미가 세상에 얼굴을 내밀었다고 볼 수 있다.[22]

우리가 포기하지 않고 완전한 성경 해석을 향해 나아가야 하는 이유가 바로 여기에 있다. 이 길을 꾸준히 걷다 보면 항아리의 공백을 채워줄 수 있는 단서들을 만나게 된다. 비록 매일매일 발견하지 못한다 할지라도 언젠가는 반드시 발견하게 된다. 그 기회가 너무 적어 성경에 사용된 모든 하팍스를 다 찾을 수 없다고 하더라도, 그래서 하팍스의 항아리를 아구까지 꽉 채울 수는 없다고 할지라도 그 항아리는 더 이상 빈 항아리가 아니라는 사실은 누구도 부인할 수 없다. 그리고 그 항아리는 점점 더 지금보다 덜 빈 항아리가 될 것이다. 그러니 항아리를 가득 채울 수 없다는 현실에 좌절하지 말자. 현실과 이상 사이에 존재하는 공백을 정확히 인지하면서 천천히 그러나 꾸준히 해석의 산을 오르자.

---

22 어디 그뿐인가? 학자들은 오랫동안 신약성경에 사용된 그리스어가 주전 1000-330년에 사용된 고전 그리스어와 여러모로 달라 해석의 어려움을 겪었다. 혹자는 신약의 그리스어를 아람어, 히브리어, 그리스어의 조합으로 생성된 "잡종형 언어"로 가정하기도 했고, 혹자는 세속적 그리스어와는 다른 "성령의 언어"라고 제안하기도 했다. 하지만 이집트에서 발견된 수많은 파피루스 꾸러미들은 신약의 그리스어가 잡종형 언어도 아니고 성령의 언어도 아닌 코이네 그리스어 - 고전기가 지난 시대(주전 330년-주후 330년)에 보편적으로 사용된 일상의 그리스어 - 라는 사실을 발견하게 되었다. 그 결과 새로운 코이네 그리스어의 연구에 활기가 띠게 되었다.

다음 장으로

제6장은 우리가 넘어야 할 산들의 일부(하팍스 레고메나, 이문, 언어유희, 문법, 수사법, 구두점, 케티브와 케레, 장르)를 소개함으로써 우리의 현주소가 어디인지, 그리고 우리가 나아가야 할 방향이 어디인지를 논하였다. 제7장은 성경 해석의 순례자로 부름을 받은 우리가 해석의 산들을 오를 때 갖춰야 할 다섯 가지 지침에 대해 나눈다. 독자들은 바이블 스터디(Bible Study)와 비블리컬 스터디즈(Biblical studies), 답을 찾는 일과 오답을 찾는 일, 불변하는 말씀과 변화하는 개인, 의심하는 믿음과 맹종하는 믿음, 해석과 대언의 차이 등을 살펴봄으로써 순례자의 옷깃을 여미도록 초대받을 것이다. 자, 이제 마지막 장을 향해 떠나 보자.

제7장

다섯 가지 지침

"모든 기독교인들은 신학자가 되어야 한다. 신학교에 가라는 의미가 아니다. 신학자가 되라는 의미이다. 우리는 신학교에 가지 않아도 신학자가 될 수 있다. 성경을 사랑하는 마음으로 성경의 다층적인 측면을 삶에서 꾸준히 연구하는 자가 곧 신학자이다. 모든 성도가 목사가 될 필요는 없다. 그래서도 안 된다. 하지만 모든 성도는 반드시 신학자가 되어야 한다. 우리는 이들을 가리켜 위대한 '평신도 신학자'라고 부른다."

두루두루 공부할 것

비블리컬 스터디즈

이상과 현실 사이에 벌어져 있는 큰 공백을 메우기 위해 우리가 해야 할 일은 성경 해석에 도움을 줄 수 있는 다양한 요소들을 두루두루 공부하는 것이다. 성경 텍스트만 공부하는 바이블 스터디(Bible Study)를 넘어 성경의 다층적 측면(언어, 문학, 문화, 사회, 역사의 측면)까지 살피는 비블리컬 스터디즈(Biblical Studies)를 향해 나아가야 한다는 의미이다.[1]

내 목회 경험에 의하면 교회 안에 있는 상당수 성도들이 오로지 바이블 스터디에만 매몰되어 있다. 즉, 오로지 성경만 읽고 오로지 성경만 공부한다. 그들은 성구의 위치를 정확히 외우고, 통독을 주기적으로 하며, 성경을 들으며 운전하는 등 훌륭한 신앙 습관들을 가지고 있다. 하지만 성경만 공부하는 방식은 해석의 이상과 현실 사이에 벌어져 있는 커다란 공백을 효과적으로 줄이지 못한다는 사실을 인정해야 한다. 앞서 살펴봤듯이 하팍스 레고메나, 이문, 언어유희, 문법, 수사법, 구두점, 케티브와 케레, 장르 등은 해석의 공백을 줄이기 위해 반드시 살펴봐야 할 요소들이다. 단순히 성경만 읽고 공부하는 바이블 스터디로는 이것들을 다 해결할 수 없다.

---

1   비블리컬 스터디즈는 일차 자료인 성경과 이차 자료들 - 성경의 언어, 문화, 문학 등을 다루는 자료들 - 을 함께 공부함으로 성경을 보다 깊이 연구하는 공부법을 의미한다.

성경의 양면성

성도들 중에는 "성경을 열심히 읽으면 지혜와 계시의 영이신 성령님께서 말씀을 풀어 주신다"고 믿는 분들이 있다. 나도 이 부분에 동의한다. 성령님의 도우심은 바른 성경 해석의 필수적 요소이다. 성령님을 떠나서는 결코 건전한 성경 해석에 도달할 수 없다. 성령님께서는 우리의 해석에 개입하사 해석의 방향을 인도하신다. 하지만 우리가 반드시 기억해야 할 부분이 있다. 바로 성경에는 양면성(초월성과 역사성)이 있다는 점이다. 성경이 양면적이라는 사실은 성경 해석에도 양면적 접근이 필요함을 의미한다. 우리가 열심히 기도하며 공부하고, 열심히 공부하며 기도해야 하는 이유가 여기에 있다. 초월성과 역사성은 양자택일의 관계가 아니라 양자택이의 관계이다. 김근주 교수의 표현을 빌려보자.

> 성경은 전적으로 하나님의 말씀이면서 동시에 전적으로 사람의 글이라는 양면성을 지닌다. 달리 표현하면 성경은 '신적인 특징'과 '인간적인 특징'을 동시에 지닌다고 할 수 있다. … 성경이 사람의 글이라는 것은 신구약성경 전체가 사람에 의해 형성되고 전해지고 기록되었음을 의미한다. 성경의 근본적인 저자는 당연히 하나님이지만, 성경에는 참으로 다양한 인간 저자가 등장하며 그에 따라 다양한 문학적 표현 양식이 사용되었다. … [그러므로] 오늘 성경을 읽는 우리에게는 사람의 글인 성경에 접근할 때 … 신중하고 철저한 공부와 연구가 필요하다. 하나님의 말씀으로 여겨 신줏단지 취급할 것이 아니

라, 사람의 글이기에 문학적 양식을 검토하고, 앞뒤 문맥을 고려하고, 시대적 상황을 '자세히 미루어 살펴' 연구하고 따지며, 검토하는 것이 필수적이다.[2]

성경의 양면성을 존중하는 우리는 성령 하나님께 열심히 기도함과 동시에 비블리컬 스터디즈를 통해 성경을 열심히 연구해야 한다.

도움이 되는 서적

그렇다면 바이블 스터디를 넘어 비블리컬 스터디즈를 시작하려는 입문자들에게 도움이 될 만한 책들이 뭐가 있을까? 방대한 분량의 양서들이 있기 때문에 이들을 모두 소개하는 일은 불가능하다. 그리고 특히 중요한 양서들이 주로 외국어(영어, 독일어, 프랑스어)로 되어 있어 입문자들에게 높은 진입 장벽으로 작용한다. 그래서 한글로 읽을 수 있는 양서들 중에 일부를 선별하여 이곳에 소개하기로 한다. 소개는 네 종류로 분류했다. 곧 구약의 언어와 배경, 제2성전기의 배경, 신약의 언어와 배경, 그리고 성경 해석학이다.

구약의 언어와 배경

- 이상환, 『신들과 함께: 고대 근동의 눈으로 구약의 하나님 보기』 (도서출판 학영, 2023).

---

2   김근주, 『나를 넘어서는 성경읽기』 (성서유니온, 2022), 27, 31, 35.

- 이상환, 『아이가 묻고 아빠가 답하다』 (도서출판 학영, 2024).
- 조나단 S. 그리어, 존 W. 힐버, 존 H. 월튼 편집, 『고대 근동 문화와 구약의 배경: 구약의 숨겨진 이야기』, 김은호, 우택주 옮김 (CLC, 2020).
- 제임스 헨리 브레스테드, 『고대 이집트의 역사 1: 태고부터 페르시아의 정복까지』, 김태경 옮김 (한국문화사, 2020).
- 제임스 헨리 브레스테드, 『고대 이집트의 역사 2: 태고부터 페르시아의 정복까지』, 김태경 옮김 (한국문화사, 2020).
- 주원준, 『구약성경과 신들』, 개정판 (한님성서연구소, 2018).
- 크리스토퍼 B. 헤이즈, 『고대 근동 문헌과 구약성경』, 임요한 옮김 (CLC, 2018).
- 마크 D. 푸타토, 『구약성서 히브리어 시작하기』, 김정훈 옮김 (CLC, 2012).
- 마르크 반 드 미에룹, 『고대 근동 역사』, 김구원 옮김 (CLC, 2010).

제2성전기의 배경

- 존 J. 콜린스, 대니얼 C. 할로우, 『초기 유대교』, 김규섭, 김선용, 김승주, 박정수, 이영욱 옮김 (감은사, 2022).
- 마티아스 헨제, 『마인드 더 갭』 신철호 역 (마온하우스, 2023)
- 가브리엘레 보카치니, 『바울이 전하는 세 가지 구원의 길』 (도서출판 학영, 2023)
- 박양규, 『중간사 수업: 유대 문헌으로 보는 신구약 중간사의 세계』 (샘솟는기쁨, 2024)

- 프레더릭 J. 머피,『초기 유대교와 예수 운동: 제2성전기 유대교와 역사적 예수의 상관관계』, 유선명 옮김 (새물결플러스, 2020).
- 이윤경,『제2성전 시대의 묵시문학과 사상』(CLC, 2019).
- 래스터 L. 그래비,『제2성전기 유대교』, 이유미 옮김 (컨콜디아사, 2017).
- 존 J. 콜린스,『사해 사본과 쿰란 공동체: 쿰란 공동체를 넘어서』, 안창선 옮김 (쿰란출판사, 2012)
- 존 J. 콜린스,『묵시문학적 상상력: 유다 묵시문학 입문』, 박요한 옮김 (가톨릭출판사, 2006)

신약의 언어와 배경

- 신현우,『신약 헬라어 주해 문법』, 개정판 (킹덤북스, 2021).
- 다니엘 보야린,『유대배경으로 읽는 복음서』, 이학영 옮김 (감은사, 2020).
- 앨버트 벨,『신약시대의 사회와 문화』, 오광만 옮김, 개정판 (생명의말씀사, 2020)
- 크레이그 A. 에반스,『신약성경 연구를 위한 고대문헌개론』, 김주한, 박정훈 옮김 (솔로몬, 2018).
- 워렌 카터,『신약 세계를 형성한 7가지 사건: 문화 역사적 시선으로 바라본 초기 예수 운동과 신약 성서』, 박삼종 옮김 (좋은씨앗, 2017)
- 신현우,『신약 주석학 방법론: 동양적 성경 해석학 서론』, 개정판 (킹덤북스, 2014).
- 브루스 M. 매츠거,『신약 그리스어 본문 주석』, 제2판, 장동수 옮김 (대

한성서공회 성경원문연구소, 2005).

- D. A. 카슨, 『성경 해석의 오류』, 박대영 옮김 (한국성서유니온선교회, 2002).

성경 해석학

- 김근주, 『나를 넘어서는 성경읽기』 (성서유니온, 2022).
- 앤서니 티슬턴, 『성경의 그림 언어와 상징 해석: 성경과 신학에 사용된 그림 언어의 힘과 오용』, 최승락 옮김 (이레서원, 2021).
- 그랜트 오스본, 『성경 해석학 총론』, 임요한 옮김 (부흥과개혁사, 2017).
- 앤서니 티슬턴, 『두 지평: 성경 해석과 철학적 해석학』, 박규태 옮김 (IVP, 2017).
- 안드레아스 쾨스텐베르거, 『성경 해석학 개론』, 김장복 옮김 (부흥과개혁사, 2017)
- 앤서니 티슬턴, 『앤서니 티슬턴의 성경 해석학 개론』, 김동규 옮김 (새물결플러스, 2012).

다른 양서들도 많지만 위에 소개된 책들부터 차근차근 소화해 나간다면 바이블 스터디를 넘어 비블리컬 스터디즈로 향하는 자신을 발견할 수 있을 것이다.

평신도 신학자

가끔씩 성도들이 사무실로 찾아와 비블리컬 스터디즈를 위한 양서를 소개해 달라고 부탁한다. 나는 위에 언급한 책들을 포함해 약 100권 정도를 소개해 준다. 그러면 성도들은 이구동성으로 질문한다. "이렇게 많아요? 우리에게 신학자가 되라는 말씀인가요?" 나는 그렇다고 답한다. 모든 기독교인들은 신학자가 되어야 한다. 신학교에 가라는 의미가 아니다. 신학자가 되라는 의미이다. 우리는 신학교에 가지 않아도 신학자가 될 수 있다. 성경을 사랑하는 마음으로 성경의 다층적인 측면을 삶에서 꾸준히 연구하는 자가 신학자이다. 모든 성도가 목사가 될 필요는 없다. 그래서도 안 된다. 하지만 모든 성도는 반드시 신학자가 되어야 한다. 우리는 이들을 가리켜 위대한 **"평신도 신학자"**라고 부른다.

성도들은 또 다른 질문을 던지기도 한다. "이 많은 책들을 언제 다 읽어요? 성경 읽기도 바쁜데 이 책들을 읽을 시간이 있을까요?" 나는 성경연구를 100미터 전력 질주가 아닌 장거리 마라톤으로 생각하라고 위로한다. 천천히 (그러나 너무 느리지 않게) 그리고 꾸준히 (그러나 너무 힘들지 않게) 공부에 임하라고 권면한다. 무엇보다 체육 마라톤은 42.195㎞라는 주행거리가 정해져 있지만, 성경 공부 마라톤은 우리가 마지막 숨을 내쉬는 순간까지 지속된다고 조언한다. 성경은 단시간에 마스터 할 수 있는 책이 아니다. 무작정 통독을 한다고 깨달아지는 책도 아니다. 성경은 한 평생을 투자하며 꾸준히 공부해야 하는 깊고도 오묘한 책이다. 기억하자. 우리는 값진 진주를 찾기 위해 힘과 시간을 투자하는 사람처럼, 성경 텍스트에 담겨진 바른 의미를 찾기 위해 힘과 시간을 투자해야 한다. "하나님의 말씀은 길가에 뿌려진 씨앗이 아니라 밭에 감춰진 보화이니, 경작하며 땅을 파는 이들은 그 보화를 발견"하게 될 것이다.[3]

답을 못 찾는다고 연구를 멈추지 말 것

답

성경 공부를 인도하다 보면 가끔씩 이런 질문을 받는다. "그래서 답이 뭔데요?" 많은 성도들이 "답"을 원한다. 그리고 그 답은 오직 하나이기를 바란다. 경우의 수가 많으면 많을수록 그들의 불편함도 커진다. 하지만 성경의 가르침은 때때로 난해하고 모호하다. "답"을 바로 주지 않거나 아예 주지 않는 경우도 있다. 저자와 일차 독자 사이에 공유되었던 가정된 배경지식—그러나 이차 독자에게 숨겨진 배경지식—이 답을 꽁꽁 숨겨놓을 때가 있기 때문이다. 물론 배경지식이 없어도 우리가 쉽고 확실하게 이해할 수 있는 부분도 있다. 하지만 성경에 일차 독자들만 명확히 이해할 수 있는 부분이 포함되어 있다는 사실은 누구도 부인할 수 없다. 이런 현실을 바꿀 수 없다면 현실을 대하는 우리의 태도를 바꾸는 일이 상책이다. 그렇다면 우리가 취해야 할 태도는 무엇일까? 어차피 답을 못 찾으니 연구를 멈춰야 할까? "오르지 못할 나무는 쳐다보지도 마라" 했으니 속히 포기할까? 결코 아니다. 비록 끝까지 오르지는 못한다 해도, 적

---

3   김근주, 『나를 넘어서는 성경읽기』, 182.

절한 도구를 가지고 나무 오르기를 시작하는 일이다. 그렇다면 지금부터는 그 도구에 대해서 알아보자.

두 가지 길

하나님을 설명하는 방식에는 두 종류가 있다. 첫째는 "하나님은 ~이다"처럼 긍정적인 방식이고, 둘째는 "하나님은 ~가 아니다"처럼 부정적인 방식이다. 이를테면 "하나님은 무한하다"는 전자에, "하나님은 유한하지 않다"는 후자에 속한다. 전자로 하나님을 찾아가는 방법을 **긍정의 길**(*via positiva*)이라 하고, 후자로 하나님을 찾아가는 방법을 **부정의 길**(*via negativa*)이라고 한다. 이 개념을 해석학에 적용하면 "본문은 이것을 말한다"는 긍정의 길에 속하고, "본문은 이것을 말하지 않는다"는 부정의 길에 속한다. 답을 원하는 성도들은 긍정의 길만 취하고 싶어한다. 본문이 말하는 것(정답)을 알기 원하지, 본문이 말하지 않는 것(오답)에는 관심이 없다. 하지만 우리에게는 두 가지 길 모두가 필요하다는 점을 강조하고 싶다. 왜 성경을 공부하는 데 두 가지 길이 필요할까? 유한하고 한정된 인간이 무한하고 영원한 하나님의 말씀을 알아가는 데 하나의 길은 부족하기 때문이다.[4]

부정의 길이 주는 유익함

잠시 우리의 현주소를 기억해 보자. 성경과 우리 사이에 존재하

---

4   Michael B. Wilkinson with Hugh N. Campbell, *Philosophy of Religion: An Introduction* (London: Continuum, 2010), 252-68을 참고하라.

는 거대한 공백은 우리에게 정답을 즉시 내주지 않을 때가 많다. 오히려 우리 앞에 무수한 경우의 수만 펼쳐 놓을 때가 다반사이다. 이때 우리는 긍정의 길을 사용할 수 없다. 우리에게 가능한 방법은 부정의 길뿐이다. 부정의 길은 우리에게 오답들을 제거함으로써 답에 한 발자국 더 가까이 가도록 돕는다. 물론 여러 보기들 중에서 답을 찾아내는 일과 오답을 지워내는 일은 엄연히 다르다. 그러나 이 둘 사이에는 무시할 수 없는 연결고리가 있다. 답을 단번에 찾지 못할 경우, 답이 아닌 것들을 제거해 나가는 일은 답을 찾아가는 과정에 포함된다. 비록 아직 답을 찾지는 못했지만, 선택지에서 답이 아닌 것들을 제거함으로써 경우의 수를 줄일 수 있다. 그러므로 부정의 길은 해석의 한계로 인해 성경의 의미를 단번에 찾지 못하는 이차 독자들이 수용해야 할 방식이다.

요한계시록 1:3에 나온 단수와 복수의 쓰임새를 기억해 보자.

> 이 예언의 말씀을 읽는 사람과 듣는 사람들과 그 안에 기록되어 있는 것을 지키는 사람들은 복이 있습니다. (계 1:3)

"읽는 사람"(ὁ ἀναγινώσκων)은 단수로 되어있고 "듣는 사람들"(οἱ ἀκούοντες)은 복수로 되어 있다. 수의 차이를 설명할 수 있는 세 개의 가능성이 있다. 첫째는 읽기보다 듣기, 둘째는 공동 읽기, 셋째는 서신 관습이다. 본문에 사용된 가정된 배경지식을 모르는 이차 독자들은 모든 선택지를 타당하게 여길 수 있다. 그러나 가정된 배경지식을 아는 이차 독자들은 오직 두 개의 선택지(공동 읽기와 서신 관습)만 타당하게 여길 것이다. 이것이 부정의 길이 줄 수 있는 혜택이다. 물론 아직 답을 찾지는 못했다. 하지만 보다 답에 근접했다. 여러 가지 선택지들 중에서 타당하지 않은 보기를 지우는 일은, 비록 즉시 정답을 찾아내는 일은 아니지만, 분명 정답에 더 가까이 가는 과정임을 기억해야 한다.

사랑하기에 행복한 우리

긍정의 길과 부정의 길을 모두 걸어야 한다는 사실은 우리에게 "그래서 답이 뭔데요?"라는 질문을 뒤로하고 답을 찾는 여행을 떠나도록 초대한다. 때로는 답이 바로 찾아지지 않기 때문에 답답할 수도 있다. 타당하지 않은 답을 제거했음에도 불구하고 여전히 많은 선택지가 남아 속상할 때도 있다. 그래도 우리는 진리에 조금씩 더 가까워지고 있다는 사실에 위로를 받으며 이 길을 계속해서 걸어 나가야 한다. 이와 같은 구도자의 자세를 사본학자의 관점에서 설명한 신현우 교수의 외침은 우리에게 큰 울림을 준다.

> 우리는 계속 원문에 접근할 수 있지만, 원문에 도달할 수는 없다. … 그러나 우리가 완벽한 원문에 도달할 수 없다고 해서 원문 복원을 포기할 수는 없다. … 우리는 비록 학문을 통해 완벽한 진리를 소유할 수 없지만, 상당한 진리를 획득할 수 있음에 만족해야 하고, 무지개처럼 점점 더 멀리 뒷걸음질하는 완벽한 진리를 단지 사랑함으로 행

복할 수 있어야 할 것이다. 그리하여 이것은 성경 원문 복원 작업에 일생을 바친 사본학자가 마지막 호흡을 내쉬며 할 수 있는 말일 것이다. "나는 사랑하였음으로 진정 행복하였노라!"[5]

현세에 완벽한 진리를 소유할 수 없다는 슬픔은 비단 사본학에만 국한되지 않는다. 성경 해석학에도 분명한 한계가 존재한다. 우리는 완벽한 성경 해석을 꿈꾸지만, 그 꿈은 지금 그리고 여기에서 이루어지지 않을 수 있다. 그렇다 할지라도 우리가 멈추지 않고 해석의 산을 올라야 하는 이유는 우리가 성경을 사랑하고, 성경이 우리를 사랑하기 때문이다. 결국 "나는 사랑하였음으로 진정 행복하였노라!"는 외침은 비단 사본학자들만의 외침이 아니라 성경 텍스트의 의미를 찾기 위해 일생을 바친 모든 성도들의 외침이 되어야 한다.

배고픈 구도자들이여, 답을 쉽게 찾을 수 없다고 포기하지 말자. 한 손에는 긍정의 길을 들고, 다른 한 손에는 부정의 길을 들자. 긍정의 길을 통해 본문의 확실한 해석을 취하고, 부정의 길을 통해 잘못된 해석을 제거하자. 이런 자세로 해석의 산을 오른다면 어느새 출발점을 훨씬 지나버린 자신을 발견하게 될 것이다.

---

5   신현우, 『신약 주석학 방법론: 동양적 성경 해석학 서론』, 개정판 (킹덤북스, 2017), 405-406.

해석은 변하지 않는다고 확신하지 말 것

변화하는 우리

우리는 맹모삼천지교(孟母三遷之敎)의 뜻과 유래에 대해 익히 잘 알고 있다. 맹자의 어머니가 아들의 교육을 위해 세 차례나 집을 옮겼다는 이야기이다. 이야기의 기저에 깔려 있는 중요한 전제는 **인간은 환경에 영향을 받는 존재**라는 것이다. 이는 단지 맹자에게만 국한된 한계가 아니다. 우리는 모두 주변 환경에 영향을 받으며 변화한다. 그 누구도 환경으로부터 자유로울 수는 없다. 환경은 시나브로 우리에게 영향을 끼치며 우리의 관점을 점진적으로 형성한다. "인간은 환경의 동물"이라는 표현은 결코 과장이 아니다.

문제는 환경도 변한다는 사실이다. "십 년이면 강산도 변한다"는 속담도 있지 않은가? 시간의 흐름에 따라 환경(사람에게 영향을 끼치는 환경)도 변한다는 점은 의미심장하다. 이는 **인간의 관점도 시간의 흐름 속에서 지속적으로 변할 수밖에 없음**을 뜻하기 때문이다. 사람은 변화무쌍한 환경을 통해 현재 진행형으로 변화되는 관점으로 성경에 접근한다. 그 결과 환경이 변할 때마다 우리의 성경 해석은 영향을 받는다. 5년 전에 본문을 읽었을 때와 1년 전에 본문을 읽었을 때, 5개월 전에 본문을 읽었을 때와 1주일 전에 본문을 읽었을 때를 비교해 보라. 비록 같은 본문을 읽었다 할지라도 시시때때로 내가 내린 해석과 받은 감동이 다를 것이다. 그 이유가 무엇일까? 성경을 바라보는 내 관점이 변화했기 때문이다. 성경은 변하지 않는다. 성경은 항상 그 자리에 있다. 하지만 우리가 변한다. 수시로 변하는 환경을 살아내며 우리의 경험, 이성, 전통이 바뀐다. 그 결과 우리가 성경을 바라보는 관점이 현재 진행형으로 변한다. 이런 사실은 우리가 지금 취하고 있는 해석이 이후 다른 해석으로 바뀔 수도 있다는 가능성을 제기한다.

설교자의 짐

한 가지 부끄러운 고백을 해야 하겠다. 나는 가끔씩 예전에 전했던 설교 원고나 강의 노트를 읽곤 한다. 그러다 보면 여전히 동의하는 부분도 있지만 더 이상 동의하지 않는 부분도 발견하게 된다. 분명 같은 본문인데 지금의 나는 과거의 나에게 동의하지 않는다. 환경의 변화를 거치며 본문을 바라보는 내 관점이 바뀌었기 때문이다. 본문은 변하지 않는다. 항상 그 자리에 있다. 다만 내 관점이 변했을 뿐이다. 어쩔 수 없는 인간의 한계라는 점을 잘 알지만, 더 이상 동의하지 않는 과거의 해석을 마주하는 일은 결코 쉽지 않다. 그 때마다 나는 나의 설교를 들었던 성도들을 찾아가 과거의 내가 너무 부족했다고 고백하고 싶다. 그리고 변화된 내 관점을 이야기하며 그들과 진중하게 토론하고 싶다. 그러나 성도들 중에는 더 이상 연락이 닿지 않는 분들도 있다. 그들을 생각할 때마다 내 마음은 쓰리고 아리다. 이는 모든 설교자들의 어깨에 지어진 커다란 짐일 것이다.

아우구스티누스의 『철회』

　잠시 아우구스티누스(Augustine)에 대해서 이야기를 나눠보자. 그의 『고백록』(Confessions)은 많은 사람들의 사랑을 받는 고전이다. 내가 섬겼던 성도들 중에도 『고백록』을 몇 번씩 읽고 성경 공부까지 인도했던 분들도 있다. 하지만 신기하게도 "말년의 고백록"이라는 별칭이 붙은 아우구스티누스의 『철회』(Retractations)는 인기가 없다. 이 책에 대해 전혀 들어보지 못한 분들도 꽤 많다. 나는 개인적으로 아우구스티누스가 남긴 최고의 명작을 『철회』라고 생각한다. 그가 이 책을 쓴 목적 때문이다. 인생의 말년에 접어든 아우구스티누스는 본인이 그동안 썼던 저술들(책, 편지, 그리고 설교문)을 회고했다. 그러다 본인이 주장했던 여러 내용들 중 관점을 바꾼 내용들을 알리고 오류를 바로 잡아야 할 필요성을 느꼈다. 그가 마르첼리노(Marcellinus)에게 보낸 편지를 보면 본인이 과거에 출판한 저술들을 얼마나 재검토하고 수정하고 싶어했는지를 알 수 있다. 이런 이유로 탄생한 책이 『철회』이다. 아우구스티누스는 이 책을 통해 본인이 과거에 만든 실수를 바로잡고, 예전의 해석보다 더 타당하다고 생각하는 해석을 소개했다. 아울러 독자들에게 본인이 범한 실수를 타산지석 삼아 동일한 실수를 최대한 피할 것을 권했다. 말 그대로 『철회』는 아우구스티누스가 쓴 "말년의 고백록"이었다.

　내게는 아우구스티누스의 성경 해석에 여전히 동의되지 않는 부분이 많다. 그럼에도 불구하고 그가 『철회』를 통해 보여준 행동에 큰 감사와 깊은 존경을 표한다. 이 세상에는 주장하기 좋아하는 사람은 많지만, 본인의 주장을 돌이켜 보고 책임을 지려는 사람은 적다. 아우구스티누스는 여러 출판물을 통해 많은 것을 주장했다. 그러나 그는 본인이 주장했던 내용을 곱씹어 보는 시간을 가졌고, 수정해야 한다고 판단한 부분을 공개적으로 수정하는 용기를 보였다. 비록 성경의 일차 독자들과 수백 년을 시공간적으로 떨어져 있었던 유한한 인간이었지만, 그래서 기이한 해석을 제시하기도 했지만, 적어도 그는 본인의 해석을 검토하고, 수정하며, 새롭게 깨달은 바를 알려야 한다는 해석자의 의무를 지켰다. 이는 우리 모두가 본받아야 할 태도가 아닐 수 없다.

현대 신학자들의 철회

한국에 널리 알려진 현대 신약학자들도 수정된 견해를 공개적으로 밝히기도 한다. 예컨대 토마스 슈라이너(Thomas R. Schreiner)는 "칭의"에 대한 본인의 관점이 바뀌었다고 밝혔다.[6] 일례로 로마서 2:14에 언급된 "이방인들"의 정체성에 대한 그의 관점이 바뀌었다.[7] N. T. 라이트도 최근에 출판한 갈라디아서 주석을 통해 갈라디아서 4:3에 등장하는 "이 세상의 유치한 교훈"(τὰ στοιχεῖα τοῦ κόσμου)에 대한 관점을 바꾸었다고 공개적으로 언급했고,[8] 그의 출판물들을 비교해

---

6 Thomas R. Schreiner, *Paul, Apostle of God's Glory in Christ: A Pauline Theology* (Downers Grove IL: InterVarsity, 2001), 192n.2

7 Thomas R. Schreiner, *Romans* (2nd ed.; BECNT 6; Grand Rapids, MI: Baker Academic, 2018), 146-48.

8 N. T. Wright. *Galatians* (CCF; Grand Rapids, MI: Eerdmans, 2021), The New

보면 바울이 스페인에 도착했는지에 대한 관점도 바뀌었음을 알 수 있다.[9] 이처럼 내로라 하는 신학자들도 특정 주제에 대한 관점을 바꾸는 경우가 종종 있다. 성경이 다른 말을 하기 때문이 아니다. 성경은 항상 그 자리에 변함없이 있지만 성경에 접근하는 개인의 관점이 끊임없이 변화되는 환경을 통해 지속적인 영향을 받기 때문이다. 그러므로 해석자들은 본인이 취하고 있는 해석을 합리적으로 의심하며 신중히 점검하는 자세를 취해야 한다.

두 가지 확실성

우리의 관점이 바뀔 수 있다는 사실은 절대적으로 확실한 답을 찾기까지 그 어떤 관점도 취하지 말라는 뜻이 아니다. 이런 자세로는 어떠한 공부도 할 수 없다. 성경 해석의 산을 오르는 구도자들은 절대적 확실성(Absolute Certainty)과 합리적 확실성(Reasonable Certainty)을 구별할 수 있어야 한다. 전자를 따르는 사람은 100% 확실한 증거만 취한다는 자세로 해석에 임한다. 하지만 신중함을 지나치게 강조한 나머지 "100% 확실한 증거"라는 불가능한 기준을 세워버렸다. 해석학에 "100%의 확실한 증거"는 존재하지 않는다. 성경과 이차 독

Exodus (4:1-7).

9 N. T. Wright, "Paul's Western Missionary Project: Jerusalem, Rome, Spain in Historical and Theological Perspectives," in *The Last Years of Paul: Essays from the Tarragona Conference, June 2013* (ed. Puig i Tàrrech Armand, John M. G Barclay, Frey Jörg, and Orrey McFarland; WUNT 1.352; Tübingen: Mohr Siebeck, 2015), 49-66; idem, *Paul: A Biography* (London: SPCK, 2018).

자 사이에는 메울 수 없는 해석의 공백이 자리하고 있기 때문에 절대적 확실성은 이상적인 목표일 뿐, 결코 현실적인 목표가 될 수 없다. 만약 주어진 증거가 언어, 역사, 문화, 문학, 사회의 기준에 부합하고 성경의 문맥과도 잘 어울린다면 합리적 확실성에 기대어 그것을 취할 수 있다. 단, 언젠가 더 합리적인 증거가 나올 수 있다는 가정을 열어 두어야 한다.

세 개의 등급

합리적 확실성은 세 개의 등급(3Ps)으로 분류된다. 첫째는 가능성(Possibility), 둘째는 개연성(Probability), 셋째는 타당성(Plausibility)이다. 가능성은 모든 경우의 수들을 포함한다. 개연성은 모든 경우의 수들 중에 부정의 길을 통해 살아남은 경우의 수를 의미한다. 타당성은 살아남은 경우의 수들 중에서 가장 그럴듯한 경우의 수를 의미한다. 예를 하나 들어보자. 「단심가」의 "임"이 누구인지 찾는 작업이 있다. 절대적 확실성을 요구하는 사람들은 이 작업 자체가 불가능하다고 주장한다. 「단심가」 자체가 "임"이 누구인지 100% 확실하게 말하지 않기 때문이다. 이들은 정몽주가 살아 돌아와 "임"을 특정해 주기 전까지 답을 찾을 수 없다고 말한다. 물론 100% 확실한 답은 오직 정몽주만 줄 수 있다. 그러나 정몽주가 살아 돌아와 우리에게 답을 말해줄 확률은 0%이다. 100%의 답을 찾기 위해 0%의 확률에 기대는 행위는 결코 건설적이지 않다. 세상의 그 어떤 학문도 이런 자세를 요구하지 않고 요구할 수 없다. 우리에게 필요한 자세는 절대적 확실성이 아니라 합리적 확실성이다.

　합리적 확실성을 취하는 사람들은 다음의 순서를 따라 "임"을 찾아 나선다. 우선 답으로 가능한 경우의 수가 **가능성**의 영역에서 여자친구, 아내, 엄마, 반려동물, 그리고 공양왕으로 제시되었다는 정보를 수집한다. 그리고 「단심가」가 이방원의 「하여가」에 맞대응한 정몽주의 시조였다는 역사적 문맥의 도움을 받아 **개연성**의 영역에서 반려동물을 보기에서 제거한다. 끝으로 공양왕을 하야시키고 이성계를 왕으로 세우려는 역성혁명의 움직임이 그 당시에 있었고, 이 움직임 속에서 정몽주와 이방원이 서로 상반된 행동을 취했다는 시대적 배경을 통해 「단심가」의 저자가 의도했던 "임"은 공양왕일 가능성이 가장 높다는 제안에 **타당성**을 부여한다. 이처럼 합리적 확실성을 추구하는 사람은 가능성에서 시작하여 개연성을 거친 후 타당성으로 이동한다. 성경 해석도 마찬가지다. 우리는 절대적으로 확실한 답이 아니면 취하지 않겠다는 태도를 버리고 합리적으로 타당한 답을 찾기 위해 노력해야 한다. 그리고 본인이 선택한 타당한 답보다 더 타당한 답이 나올 수 있다는 가능성을 언제나 열어 두어야 한다. 이런 자세야말로 환경에 영향은 받지만 환경에 휘둘리지 않고, 변화하는 세상 속에 살지만 불변하는 성경의 의미를 찾아 떠나는 구도자의 태도이다.

정리하기

　사람의 관점은 환경에 영향을 받는다. 사람의 관점에 영향을 끼치는 환경은 끊임없이 변한다. 그 결과 사람은 현재 진행형으로 변화하는 관점을 통해 성경을 바라본다. 성경은 불변하지만, 불변하는 성경을 이해하는 우리의 관점이 수시로 바뀌는 것이다. 오늘의 관점이 어제의 관점과 다르고, 내일의 관점이 오늘의 관점과 다를 수 있다. 우리가 현재 소유하고 있는 관점을 돌이켜 보고 건설적으로 비판해야 하는 이유가 여기에 있다. 그리고 본인의 해석이 결코 바뀌지 않을 것이라고 장담하지 말아야 할 이유도 여기에 있다.

해석이 중립적이라고 착각하지 말 것

홀로 선 단독자

"본다는 것은 언제나 어느 부분에서 본다는 것"을 기억해야 한다. 성경을 바라보는 관점도 마찬가지다. 개인은 중립적인 위치에서 성경을 보지 않는다. 아니 볼 수 없다. 오직 본인이 위치한 특정한 장소에서 성경을 본다. 그리고 그 장소에는 오직 본인만 존재한다. 개인마다 소유하고 있는 경험, 이성, 전통의 분량이 다르기 때문에 모든 개인들은 각각 본인들의 장소에 단독자로 위치한다. 같은 집에서 태어난 쌍둥이라 할지라도 동일한 분량의 경험, 이성, 전통을 소유할 수 없다. 하물며 일면식도 없는 타자들, 그것도 다른 시간, 다른 장소, 다른 문화에 속한 타자들은 어떨까? 같은 장소에 있는 두 타자는 존재하지 않는다. 그리고 시공간을 통해 끝없이 변화하는 경험, 이성, 전통은 개인과 타자의 거리를 끝없이 미분시킨다. 그 누구도 중립적으로 성경에 다가갈 수 없는 이유가 여기에 있다. 개인은 "본인의 하나님에 대한 경험, 본인의 이성, 본인이 속한 전통 … 에 비추어 성경이 무엇이라 말하는지에 접근"[10]할 뿐이다.

이런 사실은 우리가 피해야 할 태도가 무엇인지 알려준다. **타자에게 본인의 해석을 따르라고 무작정 강요할 수 없다는 것이다.** 타자와 개인은 각각 단독자의 위치에서 서로 다른 관점으로 성경에 접근한다. 그리고 둘 사이에는 결코 단시간에 좁혀질 수 없는 거리가 존재한다. 이 거리는 오랜 시간 동안 켜켜이 쌓여온 경험, 이성, 전통의 분량 차이로 인해 발생했기에 결코 하루 아침에 좁혀질 수 없다. 개인이 이런 사실을 고려하지 않고 타자에게 본인의 해석을 취하라고 강요하는 행위는 폭력이요, 억압이다. 개인은—비록 타자의 해석에 동의하지 않더라도—상대방의 관점을 형성한 독특한 경험, 이성, 전통을 존중해야 한다. 그리고 강요의 태도를 버리고 설득과 설명, 관용과 인내의 자세로 대화에 임해야 한다.

선포의 자세

안타까운 현실은 "선포의 행위"에만 초점을 맞추고 "선포의 자세"에는 큰 관심을 두지 않는 사람들이 우리 주변에 많다는 것이다.

---

10 Peter E. Enns, "Protestantism and Biblical Criticism: One Perspective on a Difficult Dialogue," in *The Bible and the Believer: How to Read the Bible Critically and Religiously* (ed. Marc Zvi Brettler, Peter Enns, and Daniel J. Harrington; New York: Oxford University), 126-73 (131).

선포자들이 비인격적인 모습과 말투로 본인의 관점을 선포하는 모습은 대중매체나 길거리에서 어렵지 않게 목격된다. 여기에는 타자에게 진리를 선포하기만 하면 성령 하나님께서 타자의 관점을 초자연적으로 바꾸신다는 논리가 한몫한다. 하지만 "선포의 자세"를 고려하지 않고 "선포의 행위"에만 초점을 맞추는 모습은 결코 바람직하지 않다. 우리가 선포하는 말씀이 존귀한 보배라면, 그 보배를 선포하는 자의 자세도 존귀해야 함이 마땅하지 않을까? 아무리 바른 말을 선포해도 선포하는 자의 자세가 바르지 못하면 상대방과의 의사소통에 지장이 생길 수 있다.

이런 면에 있어서 사도 바울의 언어를 공손 이론(Politeness Theory)으로 분석한 학자들의 연구는 흥미롭다.[11] 연구에 따르면 바울의 언어는 설득을 목적으로 전개되지만 교만과 아집으로 무장되지 않았다. 오히려 본인에 대한 자랑과 타자에 대한 비방을 최소화하는 방식으로 전개된다. 그리고 바울은 명령어를 사용할 때 청유나 권유의 표현(παρακαλέω, ἐρωτάω, δέομαι)과 함께 사용함으로써 예의를 갖추어 논증을 개진하기도 한다.

> 그러므로 나는 여러분에게 **권합니다**(παρακαλῶ). 여러분은 나를 본받는 사람이 **되십시오**(γίνεσθε). (고전 4:16)

---

11 Andrew Wilson, "The Pragmatics of Politeness and Pauline Epistolography: A Case Study of the Letter to Philemon," *JSNT* 48 (1992): 107-19. Cf. Joseph D. Fantin, *The Greek Imperative Mood in the New Testament: A Cognitive and Communicative Approach* (SBG 12; New York: Peter Lang, 2010), 208-46.

우리는 그리스도를 대리하여 **간청합니다**(δεόμεθα). 여러분은 하나님과 **화해하십시오**(καταλλάγητε). (고후 5:20)

나의 진정한 동지여, 그대에게도 **부탁합니다**(ἐρωτῶ). 이 여인들을 **도와 주십시오**(συλλαμβάνου). (빌 4:3)

바울은 또한 과격하거나 무례하게 비춰질 수 있는 주제를 다뤄야만 할 때는, 날카로운 표현을 최대한 부드럽게 만들기 위해 애썼다.

그러나 우리들이나 또는 하늘에서 온 천사일지라도 우리가 여러분에게 전한 것과 다른 복음을 여러분에게 전한다면, 마땅히 저주를 받아야 합니다(ἔστω). 우리가 전에도 말하였지만 이제 다시 말합니다. 여러분이 이미 받은 것과 다른 복음을 여러분에게 전하는 사람이 있다면 그가 누구이든지 저주를 받아야 마땅합니다(ἔστω). (갈 1:8-9)

사도 바울은 본인이 전했던 복음과 다른 복음을 전하는 거짓교사들과 그들의 복음에 유혹을 받은 갈라디아 성도들을 생각하며 본문을 기록했다. 바울이 갈라디아 성도들에게 쏟았던 열정과 정성, 그리고 배반과 배신을 생각한다면 바울이 절제없이 거친 표현을 사용했다 하더라도 충분히 납득할 수 있었을 것이다. 그러나 바울의 표현은 확고했지만 절제되어 있었고, 무거웠지만 예의를 갖추고 있었다. 바울의 명령어를 연구한 조셉 D. 팬틴(Joseph D. Fantin)의 설명을 들어보자. "본문에는 매우 가혹한 경고가 담겨 있고, 그 경고는 반복법을 통해 강조되어 있다. 그러나 바울은 3인칭 화법을 사용함으로써 경고에 덜 직접적인 옷을 입히고, 경고에 포함될 수 있는 잠재 독자들이 누구인지 에두름으로써 그들에게 회개할 기회를 제공하고 있다."[12] 이처럼 바울은 근엄하게 그러나 예의를 갖추어 논증을 개진했다. 그리고 바울은 오래 참고 기다렸다. 본인의 등에 칼을 꽂은 대상에게까지 말이다!

신사적이고 겸손한 그리스도인

이처럼 타인으로 하여금 그가 몸담고 있지 않은 자리—또 다른 타자의 자리—에서 성경을 볼 수 있도록 하려면 타자가 그 자리로 올 수 있도록 초대해야 한다. 그리고 그곳까지 무사히 올 수 있도록 충분히 조력해야 한다. 이 과정에는 선포, 설득, 설명, 변증의 행위뿐 아니라 겸손, 인내, 관용, 기도의 자세도 필요하다. 특히 이성보다 감성이 더 앞서는 요즘, 우리가 아무리 옳은 말을 한다 할지라도 말하는 방식이 틀리면 의사소통에 실패할 수도 있다는 점을 기억해야 한다. 논증을 하면서도 신사적인 그리스도인, 설명을 하면서도 인내하는 그리스도인, 변증을 하면서도 겸손한 그리스도인, 생각만 해도 멋지지 않은가?

---

12   Fantin, *The Greek Imperative Mood in the New Testament*, 228–29.

의심하며 믿고, 또 의심하며 믿을 것

설교자의 한계

성경 해석의 연장선인 설교에 대해서 잠시 살펴보자. 내가 목회를 하며 성도들에게 입버릇처럼 했던 표현이 있다. "저를 의심하세요. 제 설교를 비판하세요. 제가 담임 목사라는 이유로 제 입에서 나오는 말들에 무작정 '아멘'하지 마세요." 성도들은 무척 불편해 했다. 이들이 목사에게 원했던 것은 안정과 확신의 선언이었지, 불안정과 불확신의 선언이 아니었기 때문이다. 하루는 성도 한 명이 찾아와 조언을 주기도 했다. "저기… 그런 말씀은 안 하시는 것이 어떨까요? 성도들이 많이 불안해 합니다." 하지만 내가 섬기는 성도들은 나와 동고동락하며 내 마음을 이해하기 시작했다. 나는 성도들이 내 추종자가 되는 것을 원치 않았다. 나 역시도—아무리 목사라는 직분을 받았다 할지라도—시공간이라는 틀에 매여 있는 평범한 인간이기 때문에, 내 해석에는 미흡한 점이나 심지어는 오류가 있을 가능성이 있음을 알려야 했다. 아울러 지금의 해석과 다른 해석을 어느 미래의 시점에 취하게 될 가능성도 있음을 알려야 했다.

대언과 해석

그래서 나는 더 이상 "하나님의 말씀을 대언(代言)한다"는 표현으로 설교 행위를 묘사하지 않는다. "대언하다"의 문자적 의미는 '아무개를 대신하여 말하다'는 뜻이지만, 한국 교계에서는 "하나님으로부터 신의 말씀을 직접 받아 성도들에게 전한다"는 의미로 확장되어 쓰인다. 결국 이 표현은 '목사의 설교 = 하나님의 말씀'이라는 잘못된 공식을 만들어 냈고, 강대상의 권위를 하늘 보좌 권위에까지 끌어 올려놓았다. 하지만 우리가 기억해야 할 사실이 있다. 목사는 선지자가 아니라 설교자이며, 따라서 목사의 설교 행위는 "대언하다"가 아니라 "해석을 나누다"로 표현되어야 한다. 만약 목사들의 설교 행위가 정녕 "대언"이라면, 그들의 입에 말씀을 넣으신 우리 하나님은 한 구절로 다른 메시지—심지어는 모순되는 메시지—를 전하는 믿을 수 없는 존재로 인식될 것이다.

아우구스티누스는 삶의 황혼에 본인이 전했던 메시지에서 수정할 부분을 고쳐 공개적으로 그것을 밝혔다. 그렇다면 그가 과거에 전했던 설교를 가리켜 "대언된 말씀"이라고 표현할 수 있을까? 그렇다면 후에 수정된 메시지는 무엇인가? 둘 중에 무엇이 참된 하나님의 말씀을 대언한 것인가? 둘 다인가? 그렇다면 하나님은 한 구절로 여러 내용을—서로 극적으로 다르거나 모순되는 내용을—주시는 변칙적인 분이신가? 우리는 이 질문을 솔직히 마주해야 한다. 그리고 설교는 대언이 아니라 해석을 전달하는 행위라는 점을 시인해야 한다. 여기서 김근주 교수의 말을 들어보자.

우리는 너무 쉽게 자신의 견해나 의견을 하나님께로부터 온 것이라고 단정한다. 강단에서 선포되는 설교마다 너무 쉽게 하나님 말씀으로 포장하고 일방적으로 선언하며, 큐티에서 깨달은 것을 하나님이 주신 것이라고 너무 쉽게 확언한다. 그 가운데 대부분은 성경 본문에 대한 자신의 해석이거나 자기 욕망의 충족을 위한 판단임에도 불구하고 자신의 해석을 하나님의 말씀이라고 단언하는 일이 허다하다. 그러나 하나님의 말씀은 단언한다고 해서, 큰소리 친다고 해서 받아들여지는 것이 아니다. … [우리는] 성경에 대한 자신의 이해가 하나의 해석일 수 있음을 인식하고 그렇게 표현해야 한다.[13]

우리의 해석에는 부족한 부분이 많고, 또한 앞으로 수정될지도 모르는 내용도 들어 있을 수 있다. 우리가 하나님의 말씀을 폄하하는 거짓 선지자이기 때문이 아니다. 대신 본문을 이해하는 데 필요한 자료가 부족하거나 신학의 사고가 부족한 이유로 발생하는 한계 때문이다. 아우구스티누스도, 토마스 슈라이너도, N. T. 라이트와 같은 내로라 하는 학자들도 이와 같은 한계를 뛰어넘지 못했다. 해석의 한계는 신학자들에게만 해당되지 않는다. 성경을 해석하는 모든 사람들에게 해당된다. 시간과 공간에 제한을 받는 인간들은 해석의 한계를 뛰어넘을 수 없으므로, 오류가 들어 있을 수 있는 본인의 해석을 대언이라고 포장해서는 안 된다.

검증하는 자세

한 목회자 모임에 참석했을 때 일이다. 새내기였던 나보다 목회

---

13 김근주, 『나를 넘어서는 성경읽기』, 34-35.

경험이 많으신 고령의 목사님께서 목회의 팁을 알려준다며 여러 가지 노하우를 공개하셨다. 그중에 하나는 본인의 설교를 대언으로 강조하며 반복적으로 표현하라는 것이었다. 이유를 여쭤보니 이런 답을 주셨다. "그래야만 성도들이 목사의 설교에 토를 못 달아. 처음부터 싹을 자르는 거지. 목사가 설교할 때마다 질문하고 반대하면 얼마나 귀찮은데." 그러나 이는 비겁하고, 교회를 전형적인 "우물에 독약 타기" 형식의 오류에 잠식시키는 행위이다. 성도들은 본인의 설교를 "대언"이라고 확언하며 무조건 "아멘"을 요구하는 설교자를 특별히 경계해야 한다. 이런 면에 있어서 사도행전 17:10-12에 등장하는 베뢰아 사람들의 태도는 우리에게 귀감이 된다.

> [10] 신도들은 곧 바로 그날 밤으로 바울과 실라를 베뢰아로 보냈다. 두 사람은 거기에 이르러서, 유대 사람의 회당으로 들어갔다. [11] 베뢰아의 유대 사람들은 데살로니가의 유대 사람들보다 더 고상한 사람들이어서 아주 기꺼이 말씀을 받아들이고 그것이 사실인지 알아보려고, 날마다 성경을 상고하였다. [12] 따라서 그들 가운데서 믿게 된 사람이 많이 생겼다. (행 17:10-12)

본문은 베뢰아의 유대인들과 데살로니가의 유대인들을 비교하며 전자를 칭찬하고 있다. 그런데 칭찬의 이유가 기이하다. 이들이 칭찬을 받은 이유는 사도 바울이 전한 메시지가 "사실인지" 확인하기 위해 "성경을 상고"한 후 그 메시지를 믿었기 때문이다. 너무 놀랍지 않은가? 사도 바울의 설교를 바로 "아멘"으로 화답하는 대신, 그것의 사실성을 성경을 통해 먼저 확인함으로 검증하려 했다.[14] 그럼에도 불구하고 하나님께서는 이들을 나무라지 않으셨다. "어떻게 내가 세운 사도를 감히 의심할 수 있는가?" 소리치며 다그치지도 않으셨다. 왜일까? R. C. H. 렌스키(Lenski)의 말처럼, "비록 바울은 사도였지만, 그의 설교는 성경에 의해 검증을 받아야 했"기 때문이다.[15] 성경을 성령 하나님의 영감으로 쓰여진 책으로 믿는 우리에게 있어서 사도 바울은 이미 검증이 끝난 권위자이다. 하지만 우리와 다른 시대를 살던 베뢰아 사람들에게 있어서, 그리고 복음을 처음 듣는 베뢰아 사람들에게 있어서, 사도 바울의 설교는 성경을 통해 검증되어야 할 메시지였다. 그들은 바울의 메시지를 무분별하게 그리고 무작정 믿음으로 수용하지 않았다. 대신 구약성경에 비추어 검사하는 과정을 거쳤다. 중요한 점은 하나님께서 베뢰아 유대인들의 태도를 기뻐하셨다는 점이다.

성도들도 모든 목사들의 가르침(설교, 성경 공부)을 건강한 의심을 통해 수용해야 한다. 강대상에서 전달되는 해석을 묻지도 따지지도 않고 무작정 믿는 행위는 맹신일 뿐이다. 맹신은 하나님을 기쁘시게 해드리지 못한다. 가끔씩 자신이 좋아하는 설교자의 가르침을

---

14 John B. Polhill, *Acts* (NAC 26; Nashville: B&H, 1992), 363-64; A. T. Robertson, *Word Pictures in the New Testament* (Nashville, TN: Broadman, 1933), Acts 17:11.

15 R. C. H. Lenski, *The Interpretation of the Acts of the Apostles* (Minneapolis, MN: Augsburg, 1961), 701.

무조건 수용하는 성도들을 만난다. 그들은 설교자가 전하는 농담에
도 "아멘"을 외치며 노트에 기록한다. 이는 결코 건강한 자세가 아
니다. 우리는 존경하는 만큼 의심해야 한다. 사랑하는 만큼 검증해
야 한다. 아끼는 만큼 살펴봐야 한다. 위에 언급했던 베뢰아 사람들
의 이야기는 우리에게 설교자들의 가르침을 건강하게 의심하고 바
르게 검증할 것을 촉구한다. 만약 해석학에 팔복이 있다면 첫 번째
복은 이렇게 시작할지도 모른다: "**의심하는 자는 복이 있나니 저들의
영혼이 안전할 것이요!**" 우리의 영혼은 검증되지 않는 설교를 무작정
수용할 만큼 하찮지 않다.

설교자의 직무

하지만 우리 주변에는 성도들의 건강한 의심을 무례하게 대하
는 설교자들이 있다. 이들은 질문하는 성도들을 권위에 도전하는
적색분자로 분류하여 질문 자체를 못하도록 억압하거나, 의심하는
성도들에게 "무조건 믿으라"는 비이성적인 폭력을 가한다. 심지어
는 설교 시간에 무조건 "아멘"을 외쳐야 복을 받는다고 강요 및 협
박을 하기도 한다. 이는 설교자로서 명백한 직무유기이다. 설교자는
성도들의 질문에 답해야 할 의무가 있고, 성도들의 의심을 풀어줘
야 할 책무가 있다. 설교자가 이와 같은 본인의 직무를 버릴 경우,
양의 탈을 쓰고 소중한 영혼들을 백주 대낮에 버젓이 노략하는 기
독교 유사 종교들이 더욱 기승을 부릴 것이다. 그러므로 설교자들
은 성도들에게 맹신을 강요하지 말고, 그들로부터 건강한 의심을

받는 상태를 당연히 여겨야 한다. 우리 모두는 함께 검증하며 함께 성숙하고, 함께 질문하며 함께 답을 찾도록 부르심을 받았음을 기억하자.

우리의 자세

성도들이여, 설교자를 맹신하지 말고, 그의 가르침에 건강한 의심을 품자! 그리고 설교자들의 가르침을 검증할 수 있는 실력을 키우자! 설교자들이여, 성도들에게 맹신을 강요하지 말고, 그들에게 건강한 의심을 받는 상태를 기쁘게 여기자! 그리고 본인들의 가르침을 비판적으로 검증하며 항상 건전하고 타당한 것들로 성도들에게 나누자! 설교자와 성도들이여, 우리는 함께 합력하여 교회를 지키고 가꾸어야 하는 동역자라는 사실을 기억하며 서로의 부족함을 채우고, 서로의 넘침을 나누자. 그리고 "본질적인 것에는 일치를, 비본질적인 것에는 관용을, 모든 것에는 사랑을"(*in necessariis unitas, in dubiis libertas, in omnibus caritas*)[16] 이루며 함께 성경 해석의 산을 계속해서 오르자!

---

16 아우구스티누스가 했던 표현으로 널리 알려져 있으나 이를 지지하는 확실한 근거가 없다. 이 표현이 발견되는 첫 번째 출판물은 17세기 독일의 루터교 신학자인 루퍼투스 멜데니우스(Rupertus Meldenius)의 글이다.

내가 아침에 눈을 뜨자마자 향하는 곳은 책상이다. 그곳에서 나는 하나님의 말씀인 성경을 바라보며 조용히 읊조린다.

내가 성경을 열 때, 성경이 나를 엽니다.
내가 성경을 읽을 때, 성경이 나를 읽습니다.
내가 성경을 지킬 때, 성경이 나를 지킵니다.
내가 성경을 사랑할 때, 성경이 나를 사랑합니다.

두렵고 떨리는 마음으로, 기쁘고 설레는 마음으로 성경을 펼친다. 나의 하루는 그렇게 시작한다. 성경을 하루라도 읽지 않으면 영혼에 가시가 돋는 기분이다. 나에게 성경은 시간이 날 때 읽는 책이 아니라, 시간을 내서 읽는 책이다. 하지만 성경은 언제나 어렵다. 보일 듯 보이지 않고, 잡힐 듯 잡히지 않는 의미들이 언제나 숨어 있다. 나는 밭에 숨겨진 보화를 찾듯 그 의미들을 찾아 떠난다. 그 여행은 쉽지 않다. 때로는 길이 막혀 다른 길을 찾아야 할 때도 있다. 가끔씩은 여행 중 길을 잃고 헤매기도 한다. 이런 난관들을 만날 때마다 속상하지만 그렇다고 감추인 보화 찾기를 포기할 수는 없다.

나는 장애물을 최대한 극복하기 위해서 여러 도구들을 사용한다. 처음에는 아무 도구나 무작정 사용했는데, 오랫동안 좌충우돌하다 보니 여행에 적합한 도구들을 분류하게 되었다. 이 책에 소개된 여러 개념, 방법론, 장치들은 내게 유익한 도움을 준 도구들이다.

- 선해석 후적용
- 가정된 배경지식과 숨겨진 배경지식
- 일차 독자와 이차 독자
- 뿌리 있는 적용
- 의미의 공백
- 성경의 초월성과 역사성
- 솔로/누다 스크립투라가 아닌 솔라 스크립투라
- 웨슬리안 사변형
- 의사소통 모형
- 솔로/누다 문자 정신이 아닌 솔라 문자 정신
- 바이블 스터디가 아닌 비블리컬 스터디즈
- 맹종하는 믿음이 아닌 의심하는 믿음
- 긍정의 길과 부정의 길

- 중립적일 수 없는 해석
- 현재 진행형으로 변화하는 관점
- 절대적 확실성이 아닌 합리적 확실성
- 3Ps: 가능성(Possibility), 개연성(Probability), 타당성(Plausibility)
- 대언이 아닌 해석

물론 이것들이 우리에게 필요한 도구의 전부라고 생각해서는 안 된다. 이 책에 담지 못한 유용한 도구들이 더 많다. 따라서 우리는 적합한 도구를 찾기 위해 끊임없이 노력해야 한다. 하지만 누구에게나 시작이 있는 법. 이 책은 성경의 의미를 풍성하게 이해하기를 원하는 독자들, 그러나 어디에서 시작해야 할지 몰라 고민하는 독자들에게 그 시작을 소개하려는 소박한 목적으로 집필되었다.

평신도 신학자들이여, 우리 앞에는 새로운 숙제가 놓여 있다. 여러 도구들을 통해 성경에 보존된 가시적 문자를 분석하고, 비가시적 배경지식을 찾아 말씀의 풍성한 의미를 발견하자. 그리고 그 의미에 시대의 옷을 입혀 교회와 세상에 전함으로 하나님의 말씀이 왕성히 퍼지게 하자. 이로 인해 많은 사람들이 성경을 바르게 열고, 읽고, 지키고, 사랑할 수 있다면, 그래서 성경에 의해 깊이 열려지고, 읽혀지고, 지킴을 받고, 사랑을 받을 수 있다면 얼마나 좋을까? 생각만 해도 설레지 않는가? 이와 같은 거룩한 사역에 우리 모두가 동참할 수 있게 되기를 바라며 여기에서 펜을 놓는다.

계시의 영이신 성령 하나님, 우리를 도와 주소서!

Re: 성경을 읽다

초판1쇄	2023. 06. 21
3쇄	2024. 12.. 04

저자	이상환
편집자	박선영 박이삭 이학영
디자인	와이앤와이 (ynybookdesign@gmail.com)

발행처	도서출판 학영 (hypublisher@gmail.com)
총판처	기독교출판유통

ISBN	9791198268426 (03230)
정 가	15,000원